Blender 2.8 - Guia Rápido

Allan Brito

Descrição

Autor: Allan Brito

    Referência: eadallanbrito.com

    Edição: 1º (Revisão 1)

    Imagem da capa: Spring Open Movie (Creative Commons Attribution 4.0 license) - (CC) Blender Foundation | cloud.blender.org/spring

    Versão do Blender usada: 2.80.72

    ISBN: 9781075191503

    Data de publicação: Junho 2019

Sobre o autor

Allan Brito é arquiteto formado pela PUC-PR com especialização em Design de Informação pela UFPE.

É usuário do Blender desde 2005 quando começou a adotar a versão 2.35 como base para seus projetos. Foi professor de diversas instituições de ensino desde 2001, em que também passou a aplicar e divulgar o Blender em sala de aula.

Sua área de atuação é a produção de conteúdo multimídia e visualização de projetos, em que o Blender desempenha papel fundamental.

É o principal editor do Blender 3D Architect, que é a maior comunidade mundial de artistas especializados no uso do Blender para arquitetura.

Introdução

O Blender passou por diversas atualizações importantes desde que foi lançado no início da década passada, em meados dos anos 2001. Desde essa época ele passou de um software formado basicamente por um fundo cinza repleto de botões retangulares, para uma plataforma de produção multimídia capaz de gerar imagens belíssimas e servir de pilar para criação de jogos, animações e vídeo.

A primeira grande reformulação que o Blender sofreu foi entre as versões 2.49 e 2.50 que trouxe uma interface moderna e repleta de novos recursos, que eram impossíveis de ser implementados na plataforma antiga. O software foi refeito desde o princípio e a transição levou pelo menos 2 anos até que fosse totalmente concluída.

Sempre que ocorrem grandes mudanças é de se esperar que alguns artistas mais antigos apresentem resistência ao que foi alterado. Na transição entre o Blender 2.49 e 2.5 houve muita discussão sobre os rumos do software e a necessidades das mudanças.

Estamos presenciando mais uma grande mudança no Blender com o lançamento da versão 2.80 que trouxe melhorias na interface e recursos incríveis para todos que fazem uso do software. Algumas opções foram removidas como é o caso da *Game Engine* e outros foram adicionados como o *Eevee*.

Pequenos ajustes na interface deixaram o Blender mais "amigável" para artistas iniciantes como a opção de usar o botão esquerdo do mouse para seleção e o navegador 3D em forma de gizmo na interface.

O resultado é uma das atualizações mais impressionantes do Blender em toda a sua história de desenvolvimento que está despertando muito mais curiosidade ao invés de críticas por parte dos artistas mais antigos. Todos querem aproveitar os impressionantes recursos do Eevee para renderizar em tempo-real e criar imagens realistas de maneira instantânea.

Esse livro tem como objetivo servir como um guia rápido para os que pretendem começar a usar a versão 2.8 do Blender e seus principais recursos. Aproveite essa oportunidade para incluir no seu cotidiano o Blender como plataforma de criação para imagens e animação.

Você vai aprender sobre as novidades da interface no Blender 2.8 e recursos como o Eevee!

Espero que goste do livro e que o mesmo seja o ponto de partida para uma experiência positiva com o Blender.

Allan Brito

Junho de 2019

Downloads e recursos usados no livro

Aqui você encontra os endereços dos recursos e downloads usados no livro.

Blender

https://www.blender.org/download/

Texturas

https://cc0textures.com/view.php?tex=Bricks12

Recursos adicionais

https://www.allanbrito.com/livro-blender28-guia-rapido/

Página em branco

SUMÁRIO

Capítulo 1 - Como começar com o Blender?

O primeiro passo para aprender a usar qualquer software ou ferramenta como o Blender é entender a sua interface e alguns dos seus principais conceitos. No primeiro capítulo do livro você aprende exatamente a manipular a interface e conhece operações elementares como seleção de objetos e transformações.

Nosso objetivo é fazer com que você tenha um conhecimento sólido sobre o funcionamento dos diversos editores e janelas do Blender. Esse conhecimento será fundamental para que possamos avançar ainda mais nos próximos capítulos.

1.1 Interface do Blender e WorkSpaces

Com o lançamento do Blender 2.8 uma grande alteração foi realizada na interface do software com o propósito de ajudar na usabilidade e processos criativos. A interface sempre foi motivo de polêmica para a maioria dos artistas que usam o software no seu cotidiano, mas isso está mudando com a versão 2.8.

Quem já está habituado ao funcionamento da interface gosta das versões antigas, mas os iniciantes acham o seu funcionamento incomum e com curva de aprendizado difícil. Um dos objetivos da versão 2.8 é mudar esse cenário.

Como a interface do Blender 2.8 está organizada? Assim que você abre o Blender pela primeira vez o software vai perguntar se você quer usar o botão esquerdo (Left) ou direito (Right) para fazer a seleção de objetos. Esse é um passo importante, pois vai determinar como você usa o software.

A maioria dos softwares gráficos usa o botão esquerdo para seleção, mas versões anteriores do Blende fazem uso do botão direito.

Se você escolher a opção errada, o parâmetro pode sempre ser editado usando o menu *Edit → Preferences...* dentro da aba *Keymap* (Figura 1.1).

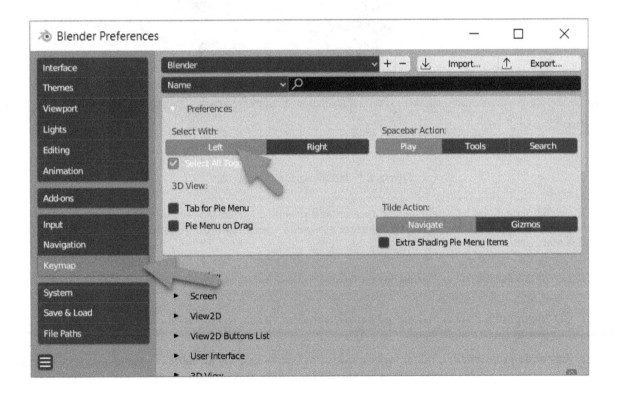

Figura 1.1 - *Configurando o botão de seleção*

Logo na parte superior você encontra a opção *Preferences* e a opção *Select With*. Você pode escolher e alterar a opção de seleção nesse campo. No tópico *1.3 Seleção de objetos* abordamos mais sobre formas de seleção no Blender.

Sobre a interface do Blender, você vai encontrar na primeira vez que abrir o software o que chamamos de interface padrão (Figura 1.2).

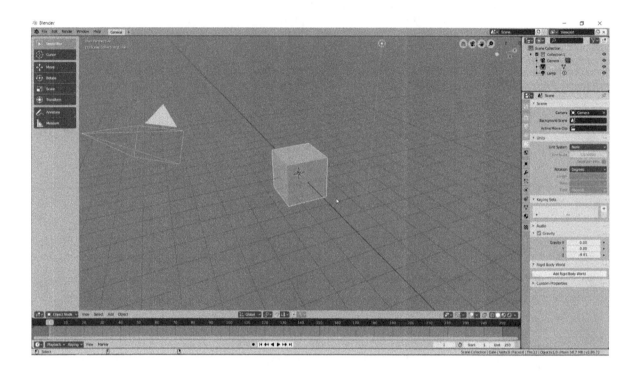

Figura 1.2 - *Interface padrão do Blender*

Ela é chamada de padrão pelo fato de apresentar a mesma organização sempre que você abre o Blender pela primeira vez. É possível alterar a interface e os seus vários editores, que são as divisões visíveis de várias maneiras.

Essa é uma descrição de cada uma das partes de interesse na interface padrão (Figura 1.3):

1. **3D Viewport**: É a área em que você vai efetivamente visualizar os elementos tridimensionais e fazer tarefas como a modelagem.

2. **Editor de propriedades**: Editor especializado em exibir informações sobre os objetos que você tem no seu projeto. Seja uma propriedade numérica ou então aspectos como a associação de modificadores nesses objetos.

3. **Linha do tempo**: Para fazer controle de tempo em animação você encontra a janela *timeline* que ajuda na configuração do tempo e exibe controles de reprodução.

4. **Outliner**: Aqui você tem uma lista com todos os objetos existentes no seu projeto assim como as coleções que ajudam na organização de tudo na 3D Viewport.

É possível escolher os mais diversos tipos de editores para usar no Blender ao longo de um projeto. Isso é feito usando teclas de atalho ou então o seletor de editores, que fica no canto inferior esquerdo das divisões na interface.

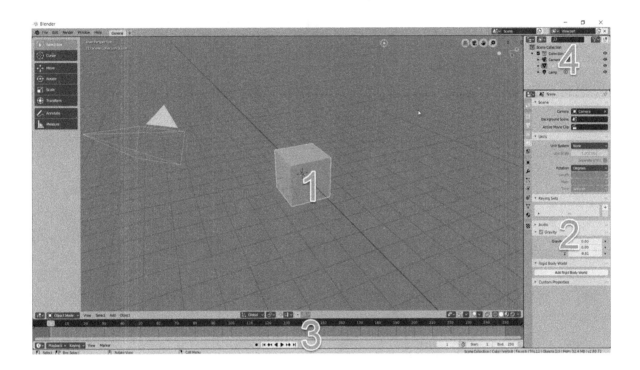

Figura 1.3 - Seletor de editores

Cada editor possui uma função e utilidade específica que é aplicada em situações particulares. Por exemplo, você vai conseguir trabalhar com animação de maneira mais confortável usando o **Graph Editor**. Para configurar materiais usamos o **Shader Editor**.

Dica: A qualquer momento você pode fazer o Blender assumir essa organização de interface padrão. Basta acionar o menu File → Defaults → Load Factory Settings.

1.1.1 Divisões e ajustes nos editores

Uma das características do Blender que chamam a atenção na sua interface é a sua natureza mutável. Você pode alterar e redimensionar a interface da maneira que achar melhor. As dimensões dos editores e a quantidade deles pode ser alterada livremente.

Para que você altere o tamanho de um editor, basta posicionar seu mouse na divisão entre eles para que o cursor assuma a forma de seta dupla (Figura 1.4).

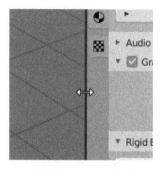

Figura 1.4 - Seta dupla

Nesse momento, você pode manter o botão esquerdo pressionado e arrastar o mouse para fazer o redimensionamento.

Ainda quando o mouse estiver com essa imagem se seta dupla, você pode clicar com o botão direito para abrir um menu chamado *Area Options* (Figura 1.5).

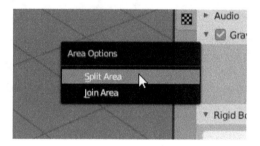

Figura 1.5 - Area Options

As duas opções existentes nesse menu permitem:

– *Split Area*: Fazer uma divisão na interface para adicionar um novo editor

– *Join Area*: Unir dois editores diferentes em apenas uma única área

No caso das divisões, você precisa seguir uma regra simples para conseguir usar o recurso. Você sempre terá uma divisão no sentido contrário da borda que você usou para clicar e abrir o menu.

Por exemplo, se você usou uma borda vertical entre dois editores a sua divisão será horizontal. Ao clicar em uma borda vertical, você poderá arrastar sobre a janela que será dividida e uma linha temporária marca o local da nova divisão. Ao clicar com o botão esquerdo do mouse você tem a divisão criada.

Veja o resultado de uma divisão horizontal criada na interface padrão com a Figura 1.6.

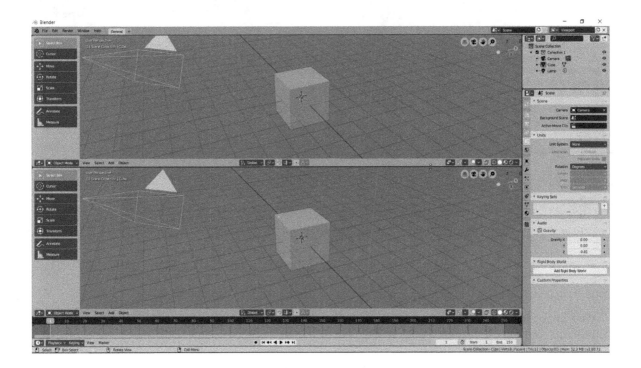

Figura 1.6 - *Divisão horizontal*

É possível fazer a divisão em praticamente qualquer editor sem nenhuma restrição.

No caso das uniões entre editores é necessário seguir uma regra simples para que você possa transformar duas áreas em apenas uma região. As duas áreas que devem ser unidas precisam compartilhar a mesma borda.

Se as duas áreas não compartilharem a mesma borda a união não será realizada. Veja o caso dos dois editores que temos na interface do Blender na Figura 1.5. Ao clicar na divisão entre eles e escolhendo a opção "Join Area" teremos uma seta indicando o editor que será expandido (Figura 1.7).

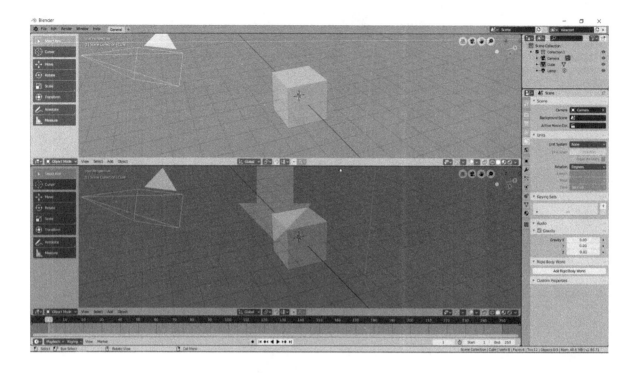

Figura 1.7 - *Seta para expansão*

Você pode alterar a direção da seta arrastando o mouse entre os dois editores. Para confirmar a união basta clicar com o botão esquerdo do mouse.

Dica: Se a seta não aparecer ao realizar uma operação para unir duas janelas, é sinal de que você escolheu áreas que não compartilham a mesma borda.

1.1.2 Usando WorkSpaces

Como existem muitas variações possíveis para a interface do Blender, é possível usar modelos prontos de arranjos para os editores para tarefas especializadas. Esses são os chamados **WorkSpaces**. Esses **WorkSpaces** ficam disponíveis na parte superior da sua interface e são representados por um sinal de "+" logo ao lado da palavra **General** (Figura 1.8).

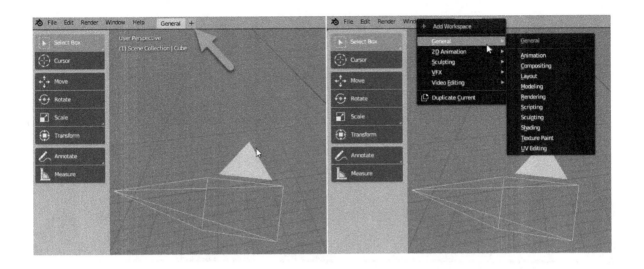

Figura 1.8 - *Adicionando um WorkSpace*

Essa palavra *General* que aparece na parte superior é um **WorkSpace** com a organização padrão dos editores. Ao acionar o botão com o símbolo do "+" você verá a lista com todos os **WorkSpaces** disponíveis.

Existem opções para:

– **General**: Arranjos generalistas para tarefas como editar materiais e animação

– **2D Animation**: Editores específicos para trabalhar com animação bidimensional

– **Sculpting**: Interface própria para fazer escultura digital

– **VFX**: Opções para trabalhar com efeitos visuais

– **Video Editing**: Edição de vídeo com opções de ajustes para animação

O que acontece quando escolhemos um desses **WorkSpaces**? Ao escolher qualquer dos modelos prontos a sua interface ganha diversos editores em organizações pré-definidas. Por exemplo, ao escolher a opção **VFX → Motion Tracking** o resultado é uma nova aba na parte superior com as seguintes janelas (Figura 1.9).

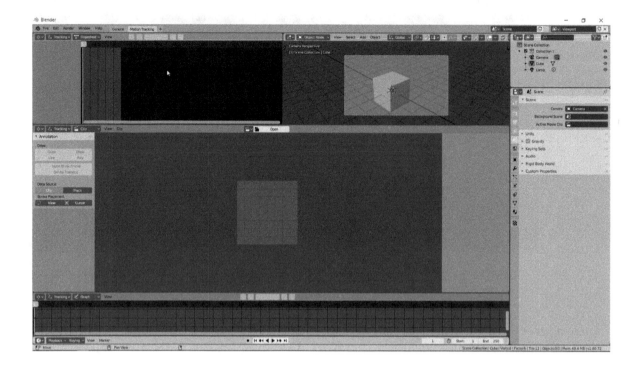

Figura 1.9 - *Opções de Motion Tracking*

Observe pela Figura 1.8 como os editores e opções existentes são bem diferentes. Para voltar ao arranjo padrão, basta clicar no nome *General* novamente.

Sobre as abas dos **WorkSpaces** você pode:

– Alterar o nome das abas com um duplo-clique no seu nome atual

– Remover uma aba clicando com o botão direito do mouse e escolhendo "Delete"

– Duplicar uma interface existente com a opção "Duplicate" quando você clica com o botão direito do mouse sobre uma aba

– Adicionar seu próprio arranjo personalizado ao escolher "Duplicate Current" depois de clicar no ícone de "+"

Os **WorkSpaces** ajudam muito na organização da interface e trabalho com o Blender.

1.2 Navegação em 3D

A navegação em espaços tridimensionais é fundamental para qualquer tipo de projeto ou prática dentro do Blender, e você precisará aprender como manipular o espaço 3D na Viewport e outros editores do software. Um dos pontos positivos desse tipo de navegação no Blender, é que os atalhos e ferramentas funcionam de maneira consistem em múltiplos editores.

Por exemplo, ao aprender como fazer uma alteração no zoom do seu editor você poderá usar o mesmo atalho em diversas outras janelas.

O Blender faz uso de uma combinação de teclado e mouse para facilitar a sua navegação em 3D. Aqui estão algumas das principais opções:

- **Mover a tela**: SHIFT+Botão do meio do mouse
- **Zoom**: Scroll do mouse para afastar e aproximar
- **Girar a tela em 3D**: Botão do meio do mouse (Apenas na viewport)
- **Zoom em janela**: SHIFT+B
- **Ajustar zoom para tudo**: Tecla Home
- **Centralizar visão**: SHIFT+C

Esses são os três principais atalhos de navegação do Blender. Mas, ainda temos as opções relacionadas com as vistas ortogonais que são ativadas com as teclas do seu teclado numérico:

- **Tecla 1**: Vista frontal
- **Tecla 3**: Vista da direita
- **Tecla 7**: Vista de topo

Ao pressionar junto o **CTRL** você consegue inverter cada uma das vistas para ter as seis visões ortogonais. Por exemplo, ao pressionar **CTRL+Tecla 1** é acionada a vista posterior.

Outras teclas úteis para navegação envolvem a escolha de projeções entre perspectiva e ortogonal. Isso é feito com a **tecla 5 do teclado numérico**. Na vista em perspectiva você tem a simulação de uma projeção com pontos de fuga.

No canto superior esquerdo da viewport o Blender sempre mostra a vista e o tipo de projeção (Figura 1.10).

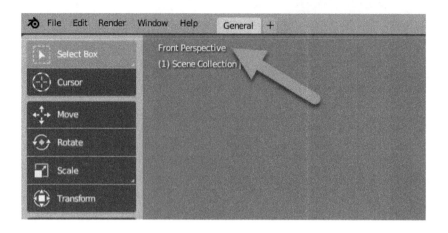

Figura 1.10 - *Nome da projeção*

Todas as opções relacionadas com navegação em 3D no Blender ficam listadas no **menu View**. Por exemplo, ao acionar o menu é possível encontrar todos os atalhos e opções nos submenus:

– Navigation

– Viewport

Caso você esteja usando um equipamento sem teclado numérico, é possível emular a função desse teclado. Basta abrir o **menu Edit → Preferences** e na aba Input acionar a opção *Emulate Numpad* (Figura 1.11).

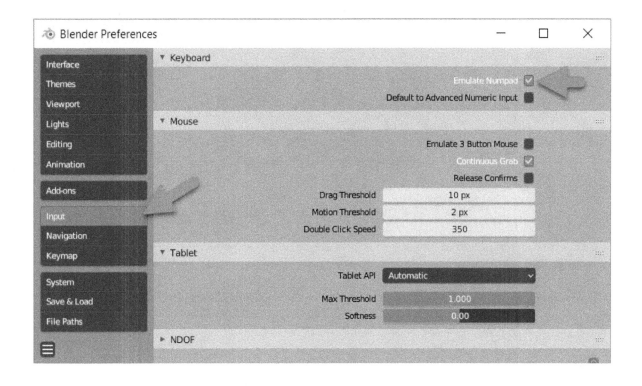

Figura 1.11 - Emulando o teclado numérico

Quando essa opção está habilitada você passa as funções desse teclado para a parte alfa numérica do seu teclado.

1.2.1 Usando o Widget

Uma opção adicionada no Blender recentemente é o moderno *Widget* de navegação que fica no canto superior direito da Viewport. Esse ícone mostra os eixos do seu espaço 3D e permite fazer várias ações de navegação.

Observe pela Figura 1.12 que existem os três eixos para navegação.

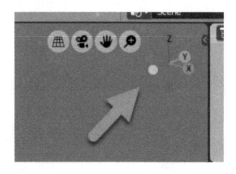

Figura 1.12 - *Ícone de navegação*

Cada eixo é identificado com uma cor e um pequeno círculo na extremidade. Um dos círculos é sempre conectado ao centro, enquanto o outro está "solto".

Por exemplo, ao clicar sobre os círculos conectados é possível acionar as seguintes visões:

- **X**: Vista da direita

- **Y**: Vista posterior

- **Z**: Vista de topo

Ao usar os círculos sem nenhuma linha de conexão teremos as vistas invertidas. Outro ponto interessante é a possibilidade de orbitar a cena. Ao passar o mouse no meio desse ícone você pode clicar e mover o mouse, enquanto mantém o botão pressionado. Isso ativa a opção de orbitar a cena.

Ao lado desse ícone você encontra ainda atalhos do lado esquerdo para:

1. Alterar a projeção entre ortogonal e perspectiva

2. Pular para visão da câmera

3. Mover a tela

4. Aproximar e afastar o zoom

Cada ícone está identificado na Figura 1.13.

Figura 1.13 - *Ícones auxiliares*

Esses são os principais atalhos e ferramentas de navegação em 3D do Blender, que ajudam muito na manipulação e configuração dos mais variados projetos. O uso constante desses atalhos acaba ajudando na sua memorização.

1.3 Seleção de objetos

Entre as opções que você deve aprender primeiro em qualquer software relacionado com produção 3D, a seleção de objetos está entre as mais importantes. No Blender não é diferente.

Antes de prosseguir, é importante ressaltar que as opções descritas aqui consideram que você está usando o **botão esquerdo do mouse** para fazer interação com objetos. Caso seja o botão direito, alguns atalhos e opções mudam.

Para selecionar qualquer objeto no Blender você pode clicar sobre o mesmo com o **botão esquerdo do mouse**. Uma borda será exibida ao redor do objeto, mostrando que o mesmo está selecionado. Assim como seu nome aparece no canto superior esquerdo (Figura 1.14).

Figura 1.14 - *Objeto selecionado*

Se o objetivo for selecionar múltiplos objetos é possível manter a **tecla SHIFT** pressionada enquanto você clica sobre múltiplos objetos. Isso faz o Blender adicionar o objeto na seleção.

Quando temos múltiplos objetos selecionados, o Blender sempre marca o último que foi selecionado como sendo o objeto ativo. O objeto ativo é quem recebe todas as transformações e comandos no Blender.

Quando temos um conjunto de objetos selecionados, você pode transformar qualquer um deles em ativo com um clique sobre o objeto. Clicar sobre um objeto ativo remove o mesmo da seleção.

Aqui estão alguns atalhos úteis para seleção de objetos no Blender:

– **Tecla A**: Seleciona todos os objetos da cena. Se você já tiver uma seleção realizada a tecla A remove todos os objetos da seleção

– **Tecla B**: Aciona o modo de seleção em janela. É possível desenhar uma área na qual você quer selecionar todos os objetos dentro dessa região

– **SHIFT+Botão esquerdo do mouse**: Adiciona objetos na seleção

Em qualquer momento no Blender, você pode habilitar o modo de seleção dos objetos usando o botão correspondente na barra de ferramentas (Figura 1.15).

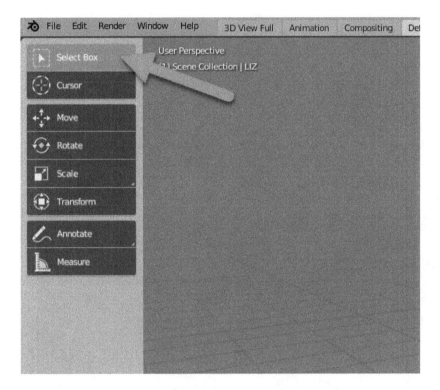

Figura 1.15 - Modo de seleção

Ainda sobre a Figura 1.15, é possível manter o botão do mouse pressionado sobre o ícone para visualizar outros atalhos de seleção.

Dica: Os atalhos de seleção para os objetos funcionam em qualquer editor do Blender.

1.4 Modos de visualização e Pie Menu

Com os modos de visualização do Blender é possível determinar como você quer editar e manipular os objetos visualmente. É possível escolher entre quatro opções ao acionar a tecla Z:

- Solid
- Wireframe
- Rendered
- LookDev

Os modos mais usados são os três primeiros. Com o **modo Solid** é possível ver a cena com cores sólidas aplicadas nos objetos (Figura 1.16).

Figura 1.16 - *Modo Solid*

Já com o **Wireframe** você tem apenas uma estrutura em linhas dos polígonos (Figura 1.17).

Figura 1.17 - *Modo Wireframe*

Com o **Rendered** você tem uma pré-visualização do seu render direto na Viewport (Figura 1.18). É uma ótima forma de conferir o resultado final de um projeto, mas acaba exigindo muito do seu computador e eventualmente faz o Blender se tornar lento para responder comandos.

Figura 1.18 - *Modo Rendered*

Esses modos são acionados usando um conceito do Blender chamado **Pie Menu**. Diversas opções se apresentam como esses menus em que temos os itens distribuídos de maneira circular. Cada um deles possui uma tecla de acesso rápido representada por um número (Figura 1.19).

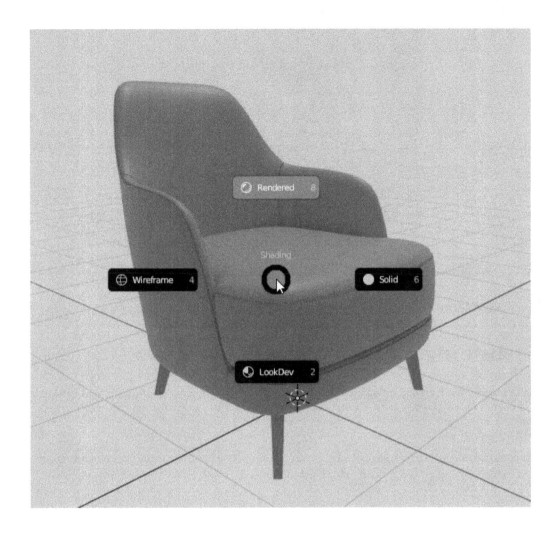

Figura 1.19 - *Pie Menu*

Ao pressionar a tecla correspondente você pode usar de maneira rápida cada uma das opções.

1.4.1 Atalhos rápidos de visualização

Além das opções de visualização no **Pie Menu**, é possível também alterar os modos de visualização usando os atalhos rápidos disponíveis no cabeçalho da Viewport (Figura 1.20).

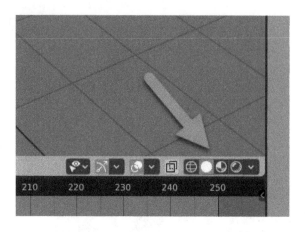

Figura 1.20 - Atalhos de visualização

Cada um dos botões corresponde a um modo de visualização.

1.5 Transformações de objetos

As transformações em objetos em softwares 3D são fundamentais para qualquer iniciativa relacionada com modelagem ou edição de cenas. É com as transformações que você consegue alterar a forma e aspectos visuais dos objetos.

Assim como acontece em diversos outros softwares o Blender apresenta três diferentes transformações:

– Mover

– Rotacionar

– Escalonar

Essas transformações podem ser habilitadas usando diferentes métodos no Blender. O mais comum e eficiente é usar teclas de atalho para cada uma dessas transformações.

– **Tecla G**: Mover

– **Tecla R**: Rotacionar

– **Tecla S**: Escala

Você pode acionar essas transformações nos mais variados cenários e editores do Blender. Por exemplo, a **tecla G** ajuda a mover qualquer tipo de entidade nos editores do Blender. Seja um objeto 3D ou então quadros-chave para animação. Tudo pode ser movido usando a **tecla G**.

O mesmo se aplica a outros tipos de transformação, como é o caso da escala que pode ser aplicada tanto em objetos 3D como também em entidades nos mais diversos editores.

É possível acionar as transformações usando também os ícones na barra de ferramentas. Os ícones estão localizados do lado esquerdo da Viewport (Figura 1.21).

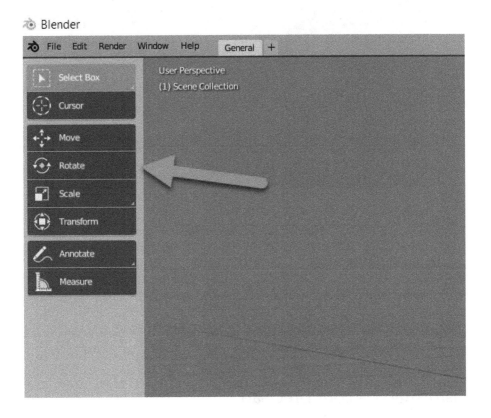

Figura 1.21 - *Botões de transformação*

Quando esses botões são acionados você terá a disposição um gizmo de transformação, que assume formas diferentes para cada tipo de alteração.

Ainda existe um modo que mistura todas as ferramentas de transformação no Blender chamado de *Transform* que exibe todos os gizmos ao mesmo tempo (Figura 1.22).

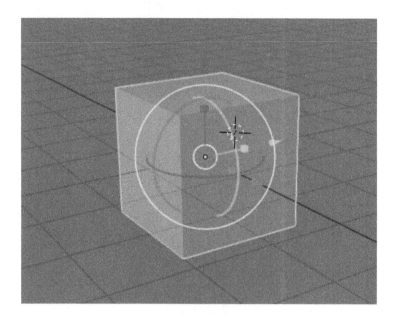

Figura 1.22 - *Modo Transform*

As transformações de objetos são muito importantes para o uso do Blender, pois diversas ferramentas acionam imediatamente uma transformação depois que você habilita as mesmas. Por exemplo, uma simples duplicação de objetos termina com uma transformação de movimento.

Dica: Você pode acionar um menu rápido para escolher o tipo de transformação desejada com a tecla SHIFT+Barra de espaço.

1.5.1 Transformações com precisão

Ao realizar qualquer tipo de transformação com objetos no Blender, você provavelmente deve precisar de um mínimo de precisão. Essa precisão pode envolver o uso de valores numéricos para as transformações, ou então limitar o movimento em apenas um determinado eixo.

Para conseguir limitar os movimentos em apenas um eixo, você deve usar a tecla correspondente ao eixo desejado. Por exemplo, ao acionar um movimento de rotação é possível girar o objeto apenas no **eixo Z** pressionando a **tecla Z**.

A sequência de teclas para conseguir fazer essa operação de maneira rápida é **Tecla R** e depois **Tecla Z**. O mesmo se aplica em movimento. Para mover qualquer coisa apenas no **eixo X** você usa as **teclas G e X**.

Essas são algumas sequências de teclas que podem ajudar na edição:

– **Tecla G depois Tecla X**: Move apenas no eixo X

– **Tecla R depois tecla Z**: Rotaciona apenas no eixo Z

– **Tecla S depois tecla Y**: Aplica escala apenas no eixo Y

São apenas exemplos que mostra a aplicação da técnica. Você consegue usar qualquer combinação entre as **teclas G, R e S** com os eixos de transformação.

1.5.2 Usando valores numéricos

Alguns tipos de projetos exigem que você tenha controle absoluto sobre dimensões dos objetos no Blender. É o caso da modelagem com foco em áreas como a arquitetura ou engenharia.

No Blender é possível usar precisão numérica para fazer transformações nos objetos. Para ajudar nesse tipo de transformação, você deve sempre observar a barra de status que fica visível no canto inferior esquerdo da sua Viewport (Figura 1.23).

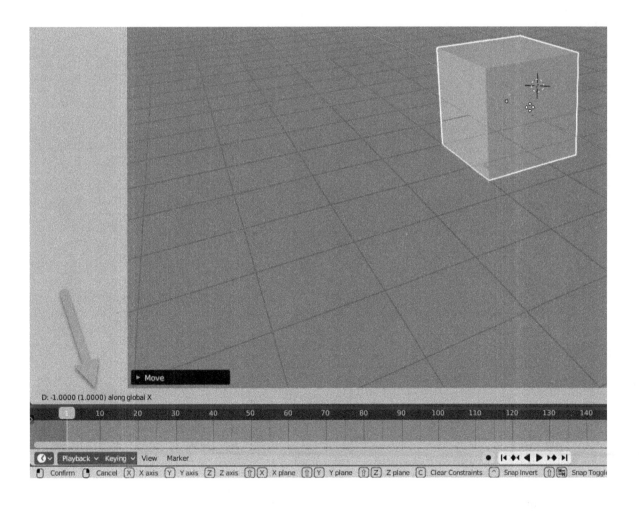

Figura 1.23 - Barra de status

Nessa barra aparecem os valores numéricos usados em cada transformação.

Como aplicar transformações com precisão? Basta digitar o valor desejado no teclado, enquanto a transformação ainda não tiver sido finalizada. Ao selecionar o qualquer objeto você pode iniciar a sequência necessária para aplicar uma transformação e digitar os valores.

Por exemplo, para mover um objeto no **eixo X** exatamente **3 unidades**. Você deve:

1. Pressionar a tecla G

2. Pressionar a tecla X

3. Digitar o valor 3

4. Pressionar ENTER para confirmar

Isso fará com que o objeto se desloque 3 unidades na direção positiva de X. Para inverter o lado, você pode usar valores negativos.

Dica: Use as setas do gizmo de transformação para identificar a direção dos eixos. A seta sempre aponta na direção dos valores positivos.

O mesmo tipo de precisão pode ser aplicado em transformações de rotação ou escala. Por exemplo, você pode rotacionar um objeto exatamente **45 graus** no **eixo Z** usando:

1. Pressione a tecla R

2. Pressione a tecla Z

3. Digite 45

4. Pressione ENTER para confirmar

No caso de escalas é preciso usar uma proporção numérica para controlar os tamanhos. Sendo 1 o valor do tamanho atual do objeto. Para **reduzir em 50%** o tamanho de qualquer objeto, a escala deve ser de 0.5.

Se o objetivo for reduzir a o tamanho do objeto no **eixo Y**, a sequência de teclas fica:

1. Pressione a tecla S

2. Pressione a tecla Y

3. Digite 0.5

4. Pressione ENTER para confirmar

Você pode usar qualquer combinação entre as teclas de transformação e valores numéricos.

É possível cancelar a transformação em qualquer momento, usando a tecla ESC.

Dica: Se você usar a tecla ESC depois de uma duplicação, a transformação será cancelada e não a cópia. O objeto copiado ficará no mesmo local do original. Para cancelar a cópia é preciso pressionar CTRL+Z.

1.5.3 Duplicando objetos

Para duplicar qualquer objeto ou entidade no Blender, você pode usar uma tecla simples de atalho que é o **SHIFT+D**. Sempre que essa tecla for pressionada, qualquer objeto selecionado será duplicado.

Logo após essa duplicação você terá que posicionar a cópia em algum local na sua cena. É acionado de imediato uma transformação de movimento. Como a transformação já foi acionada com a duplicação, será preciso apenas pressionar a tecla correspondente ao eixo que você deseja usar para posicionar o objeto.

Por exemplo, ao pressionar a **tecla SHIFT+D** e depois a **tecla X** você terá uma cópia posicionada apenas no **eixo X**. Você pode mover o mouse para escolher a posição e depois clicar para confirmar a localização.

1.5.4 Precisão com base em referências (Snap)

Entre as ferramentas mais importantes do Blender é o **Snap** que pode ser usado em conjunto com diversos tipos de objetos. O mais comum é usar o Snap com base em referências existentes.

Para usar o **Snap** é preciso escolher um elemento e depois o alvo. Isso é feito no pequeno painel disponível no cabeçalho da Viewport (Figura 1.24).

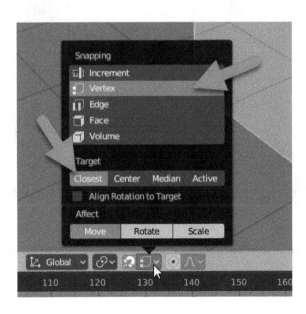

Figura 1.24 - Opções do Snap

O botão que habilita o **Snap** é o que tem a imagem de um ímã, e os seus ajustes ficam disponíveis no painel logo ao lado.

Por exemplo, ao acionar o **Snap** usando a opção Vertex como objeto e o alvo "Closest" fará com que o Blender procure sempre os vertices mais próximos dos objetos em qualquer transformação.

Ao mover um objeto com o **Snap** ligado e usando esses ajustes, você poderá "capturar" pontos próximos aos vértices de todos os objetos. Um pequeno círculo aparece no local em que foi capturado um ponto pelo **Snap** (Figura 1.25).

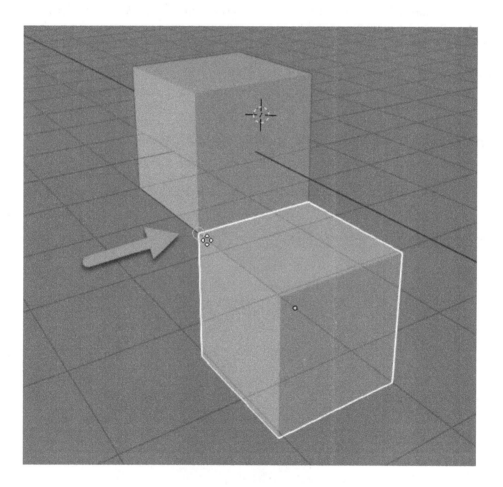

Figura 1.25 - Círculo do Snap

Isso ajuda a fazer transformações com precisão. Por exemplo, é possível mover um objeto e posicionar um sobre o outro.

Caso o ponto de origem não seja capturado de maneira satisfatória, o ideal é mover o cursor do mouse para uma posição próxima da origem desejada do objeto que será deslocado. Isso ajuda no deslocamento dos objetos com mais precisão.

1.6 Organizando objetos em coleções

As coleções no Blender funcionam como camadas em outros softwares gráficos, mas com o objetivo de gerar agrupamentos e controlar aspectos como a seleção e visibilidade dos mesmos. Sempre que iniciamos um projeto no Blender você vai visualizar uma coleção padrão chamada "Collection 1" (Figura 1.26).

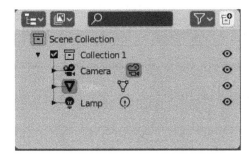

Figura 1.26 - Coleção padrão

Para gerenciar as coleções é possível usar teclas de atalho na Viewport ou então usar o **botão direito do mouse** no **Outliner**.

Na Viewport você pode selecionar um objeto e pressionar a **tecla M**, para exibir os controles das coleções. Na parte superior do pequeno menu que aparece é possível ver uma lista com todas as coleções existentes e a opção de criar novas coleções "+ New Collection" (Figura 1.27).

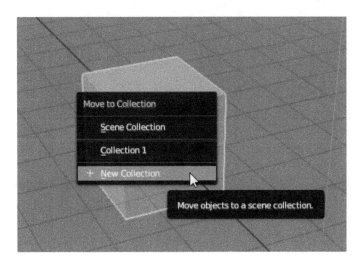

Figura 1.27 - *Opções de coleções*

Ao escolher uma coleção já existente você consegue mover o objeto para essa coleção. Se o objetivo for criar uma coleção nova, basta escolher a última opção do menu. Sempre que novas coleções são criadas você consegue atribuir um nome para essa coleção de imediato, e a mesma será exibida no Outliner.

Você também pode mover objetos entre coleções usando uma simples ação de clicar e arrastar. É possível clicar e arrastar objetos entre coleções e até mesmo coleções inteiras.

Observe que do lado direito existe um controle com um ícone representado por um olho. Esse ícone permite ajustar a visibilidade dos objetos. Quando você clica no olho, o objeto em particular fica oculto.

Dica: É possível alterar o nome de qualquer coleção e objeto no Outliner! Para fazer isso é necessário apenas acionar um duplo clique sobre o nome que você deseja alterar.

1.7 Modos de trabalho

Os chamados modos de trabalho são fundamentais para usar o Blender como uma ferramenta de modelagem tridimensional. Nesses modos de trabalho você encontra aspectos únicos para modificar ou desenvolver aspectos visuais dos objetos.

O modo de trabalho em que o Blender sempre inicia é o chamado Modo Objeto. Nesse modo, você encontra opções para manipular e transformar a forma geral dos objetos.

Como podemos identificar o modo de trabalho atual do Blender? No cabeçalho da Viewport você encontra um seletor que permite alterar o modo de trabalho atual (Figura 1.28).

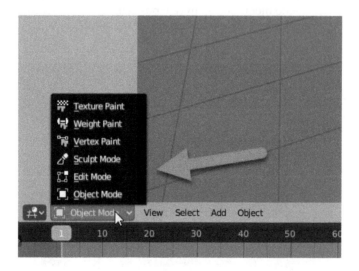

Figura 1.28 - *Modos de trabalho*

A quantidade de modos disponíveis varia de acordo com o objeto selecionado. Por exemplo, ao selecionar um ponto de luz você acaba vendo apenas o modo objeto como opção.

É com os polígonos que você encontra os modos de trabalho mais variados. Entre esses modos está o mais importante para os trabalhos relacionados com modelagem tridimensional, que é o modo de edição. No chamado *Edit Mode* é possível acessar a estrutura dos polígonos como vertices, arestas e faces (Figura 1.29).

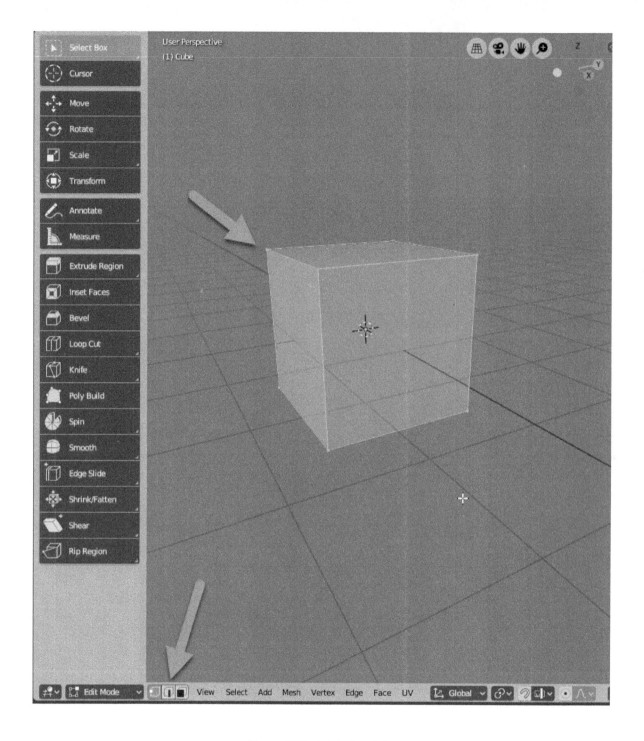

Figura 1.29 - *Modo de edição*

A Figura 1.29 mostra o seletor que permite manipular a estrutura dos polígonos. Ao usar os ícones você consegue modificar o tipo de elemento usado para seleção. Isso será fundamental para conseguir produzir modelos 3d nos próximos capítulos.

Como na maioria dos projetos envolvendo modelagem tridimensional a troca entre os modos objeto e de edição é constante, existe até mesmo uma tecla de atalho dedicada para fazer essa alteração de maneira rápida.

Você pode usar a **tecla TAB** para alternar entre os modos de edição e objeto com um polígono selecionado.

1.8 Renderização e câmeras

A renderização de projetos no Blender é o ponto de encerramento para a maioria das cenas, pois é com a renderização que podemos gerar imagens dos objetos 3D ou então vídeos. No Blender a renderização pode ser acionada com a **tecla F12** ou então o menu Render.

Quando uma renderização é iniciada, você poderá observar uma nova janela na sua interface que aparece com o resultado da sua cena. Essa janela mostra sombras e outros detalhes dos objetos (Figura 1.30).

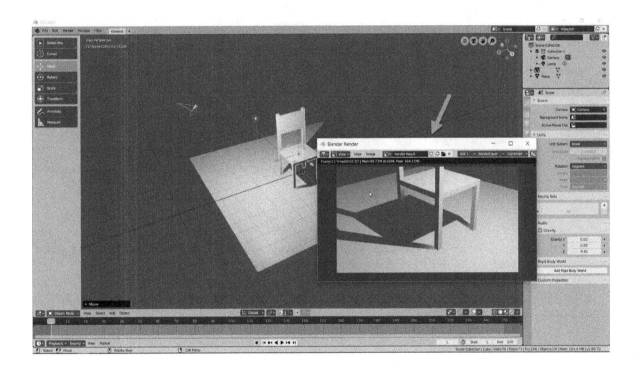

Figura 1.30 - Janela de render

A janela do render permite que você salve o resultado do render como uma imagem usando o menu Image. Mais detalhes sobre renderização, formatos de saída e câmeras são abordados no capítulo 4.

É muito provável que o ângulo usado para renderizar sua cena não seja o mesmo que você tem no momento do render. Qual é o ângulo de visão usado pelo Blender?

Nas renderizações o Blender sempre usa a visão que a câmera ativa está tendo no momento. Se você possui apenas uma câmera na cena ela será marcada como a ativa. Para conferir essa visão você pode usar a **tecla 0 do teclado numérico**.

Ao pressionar essa tecla, você tem a mesma visão da câmera (Figura 1.31).

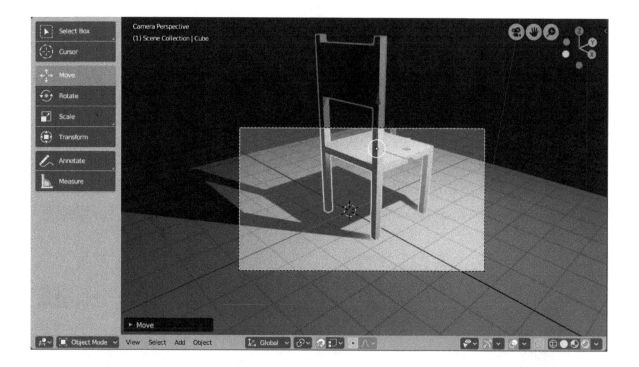

Figura 1.31 - *Visão da câmera*

Observe na Figura 1.31 que existe uma borda retangular marcando a forma da câmera. É possível selecionar essa borda para fazer ajustes na visão da câmera com as **teclas G e R**.

Se você quiser fazer um movimento de *dolly* na câmera para aproximar ou afastar a visão, é possível usar a **tecla G seguido da tecla Z duas vezes**. Isso faz a câmera se deslocar no seu eixo Z local.

Um dos atalhos mais usados para fazer o ajustes de visualização é o que faz a câmera ativa assumir a mesma visão que você está tendo da cena. Para fazer isso, é preciso usar as teclas **CTRL+ALT e 0 do teclado numérico** ao mesmo tempo.

Dica: Para sair da visão da câmera, você pode usar o botão do meio do mouse para orbitar a cena ou então uma das teclas de atalho que acionam vistas ortogonais.

Quando essas teclas são pressionadas, você faz a câmera ativa se alinhar com a mesma visão atual da cena. Depois é só selecionar a borda dessa câmera para refinar e ajustar a visão.

1.8.1 Câmera ativa

Como funciona o conceito da câmera ativa? Nas cenas do Blender você pode ter inúmeras câmeras no projeto, sendo que apenas uma delas será marcada como ativa. Por exemplo, ao usar a **tecla SHIFT+A** você pode adicionar novas câmeras na cena.

Para determinar que uma câmera em particular deve ser a câmera ativa, basta selecionar a câmera desejada e pressionar a **tecla CTRL com o 0 do teclado numérico**.

Isso faz com que a câmera selecionada passe a ser a ativa. De imediato você passa a visualizar o que está enquadrado pela câmera ativa. É só selecionar essa câmera e fazer os ajustes necessários de enquadramento.

Capítulo 2 - Modelagem poligonal com Blender

A modelagem poligonal é um dos pontos fortes do Blender em termos de criação e apesar do software conseguir trabalhar com superfícies e NURBS, é com o uso de polígonos que podemos realmente criar para as mais diferentes mídias.

Nesse capítulo você aprende a trabalhar com as ferramentas especializadas do Blender que ajudam na criação de objetos com base em polígonos. Essas ferramentas são fundamentais para desenvolver qualquer tipo de projeto para jogos, arquitetura, animação e outros.

2.1 Criação de polígonos com o Blender

O primeiro passo para trabalhar com a modelagem poligonal no Blender é efetivamente criar esse tipo de objeto. Um dos princípios básicos que você deve seguir para fazer criação usando polígonos é começar com uma primitiva geométrica que depois será transformada em algo mais complexo.

Quais são essas primitivas geométricas? No Blender você pode criar primitivas como:

– Plano (*Plane*)

– Circulo (*Circle*)

– Cubo (*Cube*)

– Esfera (*UVSphere e ICOSphere*)

– Cilindro (*Cylinder*)

– Cone (*Cone*)

Depois de criar as primitivas é possível editar as suas formas para adicionar mais detalhes ou fazer a transformação completa dos objetos.

Como criar polígonos com o Blender? O processo de criação é simples e pode usar dois métodos principais:

– **Tecla SHIFT+A** na *3D View*

– Menu *Add* no cabeçalho da *3D View*

Podemos usar o menu Add para ver a lista de objetos disponíveis, como mostra a Figura 2.1. Os polígonos estão agrupados no campo *Mesh*.

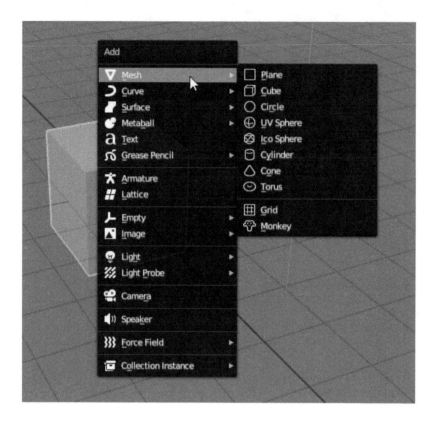

Figura 2.1 - *Menu de criação*

No menu de criação você deve escolher a primitiva geométrica ideal para começar seu projeto de modelagem. Dependendo do tipo de modelagem pode ser mais indicado começar com um cubo, círculo ou outra forma. O que vai determinar o ponto de partida é a forma do objeto que se planeja modelar.

Por exemplo, ao criar formar que tenham um perfil arredondado e simétrico, pode ser mais interessante iniciar com um círculo ou cilindro.

2.1.2 Tudo começa no cursor 3D

Assim que você aciona a opção de criação no Blender o objeto será adicionado na sua Viewport. Mas, em qual posição ele será criado? Em diversos softwares você precisa fazer um movimento com o mouse para criar os objetos. No Blender é diferente, pois a opção de criação não exige interação com o mouse.

Um dos conceitos básicos do software é que todos os objetos são criados na posição do cursor 3D (*3D Cursor*). Esse é o pequeno alvo que aparece na sua tela (Figura 2.2).

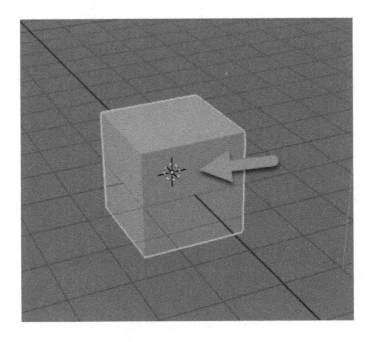

Figura 2.2 - *Cursor 3D*

Isso pode ser confuso logo no início, mas depois você vai perceber como o uso do cursor 3D pode ser uma opção poderosa para modelagem e precisão. É algo único ao Blender que nenhum outro software de modelagem possui.

Como posicionar o cursor 3D? Já que o cursor 3D é importante para a modelagem, você precisa conhecer as formas de reposicionar esse elemento. A mais simples é usando o botão direito do mouse junto com a **tecla SHIFT**. Basta clicar em qualquer local da Viewport pressionando o atalho, para reposicionar o cursor.

Agora, ao escolher a criação de qualquer objeto no Blender o mesmo será posicionado no local exato do cursor 3D (Figura 2.3).

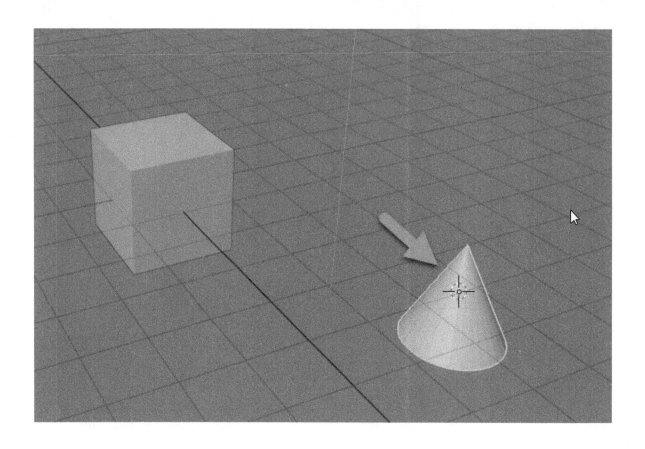

Figura 2.3 - *Objeto no cursor 3D*

Outra forma de controlar a posição do cursor 3D é usando valores numéricos. Ao pressionar a **tecla N** na Viewport você pode editar a posição em X, Y e Z. Procure pelo campo 3D Cursor como mostra a Figura 2.4.

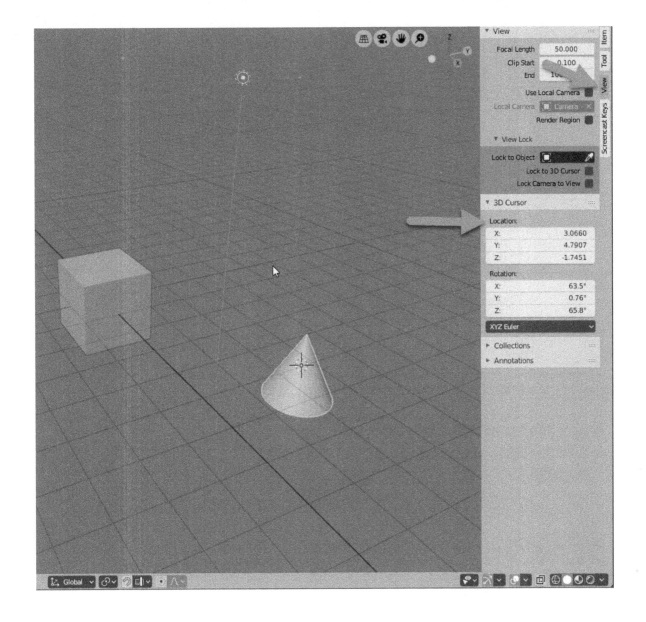

Figura 2.4 - Posição do cursor 3D

Quer fazer o cursor 3D voltar para o centro do seu espaço 3D? Use o **atalho SHIFT+C** para centralizar o cursor e também a sua visualização. Esse mesmo atalho está disponível no **menu View → Align View → Center Cursor and View All**.

Para ter controle ainda mais dinâmico sobre a posição do cursor 3D, você pode usar a barra barra de ferramentas e o botão *Cursor*. Ao acionar essa opção você pode usar o botão esquerdo do mouse para posicionar o cursor na 3D View e ainda vai contar com opções extras.

Repare que na barra de opções é possível escolher a orientação do cursor e também se você quer usar o *Surface Project* na aba *Tool* (Figura 2.5).

Figura 2.5 - *Opções de posicionamento do cursor*

O que significam essas opções? Com o surface orientation você poderá alinhar o cursor com base em superfícies de objetos. Já na parte de orientação, essas são as opções:

– **None**: Nenhum alinhamento para posição

– **View**: É alinhado com base no ângulo de visão atual

– **Transform**: O cursor fica alinhado com o plano do X e Y (*Grid*)

– **Geometry**: Seu cursor procura superfícies existentes de objetos para fazer o alinhamento

Isso faz diferença? A posição e alinhamento do cursor 3D é importante para os momentos em que você estiver trabalhando nas formas dos objetos no modo de edição. Ainda nesse capítulo você vai conhecer como funciona o modo de edição.

2.2 Opções dos polígonos

Alguns polígonos e objetos no Blender possuem opções extras que aparecem no momento em que são criados. Essas opções adicionais ficam disponíveis em um pequeno menu flutuante no canto inferior esquerdo da Viewport.

Por exemplo, ao criar um objeto do tipo *Circle* você pode escolher a quantidade de lados (*Vertices*) desse círculo (Figura 2.6).

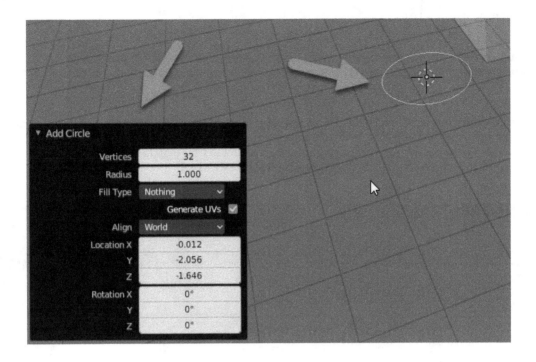

Figura 2.6 - *Opções de um círculo*

Basta clicar no nome *Add Circle* para expandir o menu.

Mas, o círculo não deveria ser redondo? Uma das características dos objetos poligonais é que os objetos são formados apenas por linhas retas. O conceito de curva não existe. Para conseguir criar algo arredondado é necessário fazer vários segmentos de reta pequenos, que vistos juntos fazem parecer que o objeto é arredondado.

Dica: Essa é uma característica dos polígonos. Para ter curvas perfeitas é preciso recorrer a outros métodos de modelagem como superfícies ou NURBS.

Isso abre possibilidades interessantes para polígonos que a principio não estão na lista de opções do Blender. Por exemplo, ao escolher um círculo com 6 lados apenas para ter um hexágono. O mesmo conceito se aplica a todos os outros objetos.

No caso de cubos e planos você pode escolher a dimensão dos mesmos. O Blender sempre começa esses objetos com um valor de 2 unidades.

Se você quiser editar essas propriedades dos objetos, você precisa fazer no momento em que os mesmos são criados! Assim que você realiza outra ação ou seleciona um objeto adicional o menu desaparece.

2.3 Editando polígonos

Assim que você cria um objeto poligonal no Blender você tem algumas opções para manipular essa primitiva. A primeira, e mais simples, é usar as ferramentas de transformação para alterar posição, rotação ou escala.

Mas, se o objetivo é fazer modelagem é preciso algo a mais! Podemos alterar o modo de trabalho no Blender para abrir o chamado *Edit Mode*. Para alterar o modo de trabalho para edição, você pode usar o seletor que está no cabeçalho da Viewport (Figura 2.7), ou então usar o atalho com a **tecla TAB**. É possível acessar o modo de edição com o *Pie Menu*, usando a **tecla CTRL+TAB**.

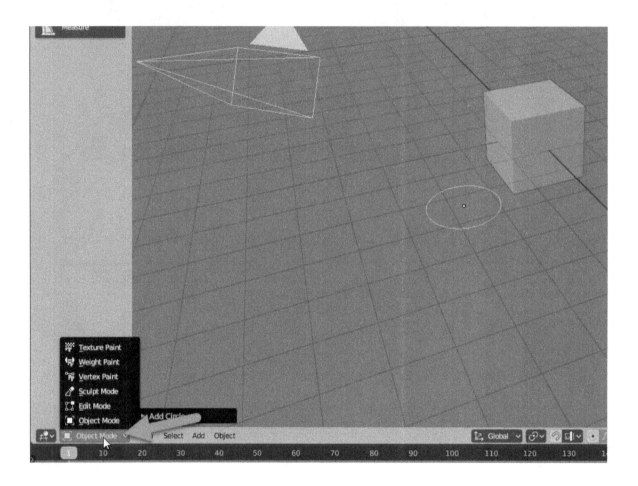

Figura 2.7 - *Selecionando o modo de edição*

O que podemos fazer no modo de edição?

Quando você abre o modo de edição com um polígono selecionado, é possível selecionar e alterar os sub objetos que formam esse polígono. Um polígono é formado no Blender por:

– Vértices (*Vertex*)

– Arestas (*Edges*)

– Faces (*Faces*)

Assim que você entra no modo de edição a barra de ferramentas irá se expandir e mostrar mais opções, e os modos de seleção para polígonos aparecem no cabeçalho (Figura 2.8).

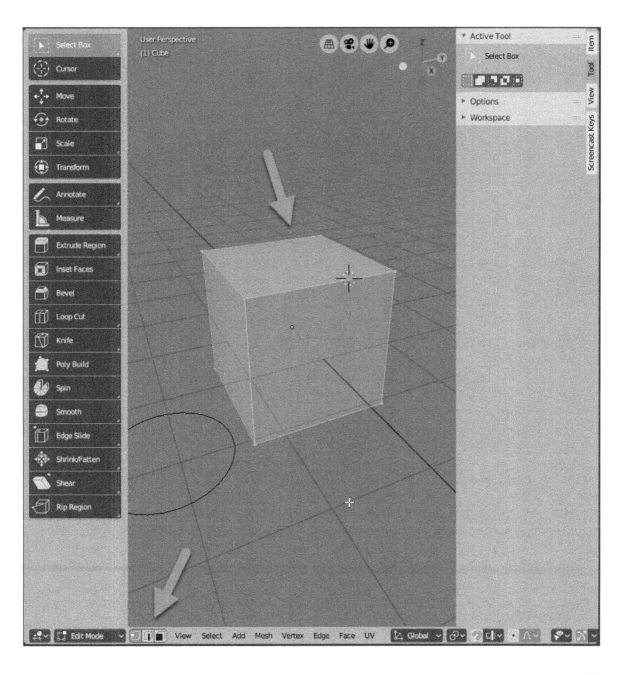

Figura 2.8 - *Modos de seleção e ferramentas*

Ao usar as opções logo ao lado do seletor você poderá alternar entre a seleção de vértices, arestas ou faces. Cada uma delas será útil em momentos diferentes da modelagem poligonal (Figura 2.9).

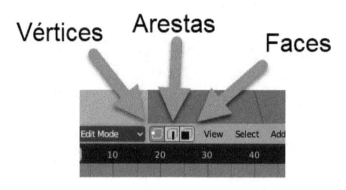

Figura 2.9 - *Modos de seleção*

Ao selecionar partes de um polígono, você poderá trabalhar com as ferramentas de transformação para ajustar a forma ou fazer diversos tipos de edição. Mas, o que vai realmente fazer a diferença é o uso da ferramenta *Extrude*.

2.4 Extrude como base da modelagem

Na lista de opções e ferramentas que você encontra no Blender para criar modelos 3D baseados em polígono, o *Extrude* sempre estará no topo como sendo uma das principais opções. Isso se aplica a todos os softwares de modelagem e não apenas ao Blender.

A barra de ferramentas mostra o *Extrude* logo no topo com a opção *Extrude Region*.

Mas, o que faz o *Extrude*?

Com essa ferramenta você pode selecionar um vértice, aresta ou face de um polígono para criar objetos compostos. É feita uma "cópia" com base na seleção realizada e a cópia fica conectada ao objeto original.

A maneira mais simples de acionar o *Extrude* é com a **tecla E**.

Por exemplo, podemos fazer a seleção de um vértice para aplicar um Extrude como forma de gerar uma extensão para a geometria:

1. Selecione um vértice de qualquer objeto poligonal como um cubo

2. Acione o Extrude com a **tecla E**

3. Desloque o mouse para o sentido desejado do Extrude

4. Clique com o botão esquerdo para finalizar o Extrude

Se você seguiu todos os passos resultado será uma nova aresta saindo do vértice selecionado (Figura 2.10).

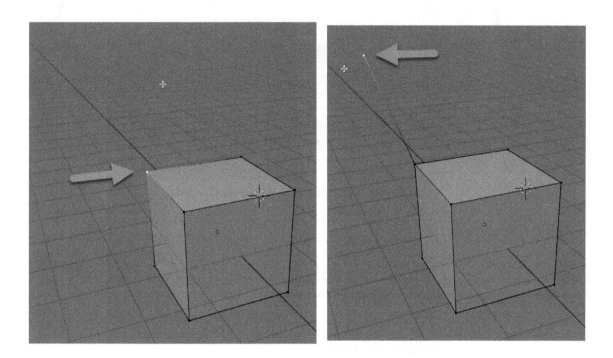

Figura 2.10 - *Nova aresta*

Isso aconteceu devido ao fato de termos selecionado apenas um vértice. Ao selecionar uma aresta, o objeto resultante será uma face. Já com uma face como objeto inicial você terá um volume composto como resultado (Figura 2.11).

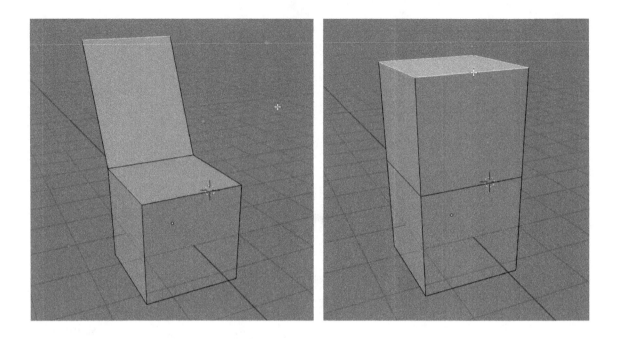

Figura 2.11 - *Resultados do extrude*

2.4.1 Tipos de Extrude

Na barra de ferramentas você encontra algumas opções adicionais de *Extrude*. Ao usar apenas a **tecla E** você aciona o *Extrude Region*. Ao pressionar o botão esquerdo do mouse sobre o botão do Extrude na barra de ferramentas, será possível expandir as opções para exibir:

- **Extrude along normals**: Aqui você pode fazer o *Extrude* usando como referência uma linha imaginária que é perpendicular as faces dos objetos.

- **Extrude Individual**: Caso você precise criar múltiplos extrudes de objetos como se estivesse realizado a operação de maneira individual, essa é a opção indicada.

- **Extrude to cursor**: A última opção faz o *Extrude* para o local do cursor do seu mouse. É chamada também de extrude orgânico.

Sempre que uma opção da barra de ferramentas apresentar uma pequena seta na parte inferior direita, é o sinal de que existem mais opções disponíveis (Figura 2.12).

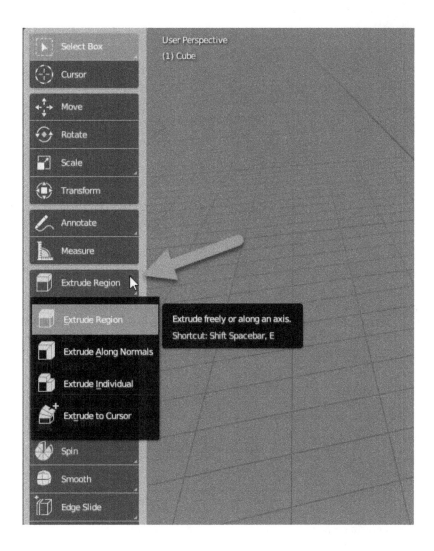

Figura 2.12 - Opções extras do extrude

2.4.2 Cancelando um Extrude

Uma situação comum no processo de modelagem é a realização de operações como o *Extrude* que acabam saindo erradas ou com problemas. Nesse caso, você vai querer desfazer ou cancelar a ação. No *Extrude* a ação é sempre dividida em duas partes:

1. **Aplicação do Extrude**: Momento em que você aplica a cópia dos objetos com a ferramenta *Extrude*

2. **Transformação**: Logo depois do *Extrude* você precisará fazer uma transformação para posicionar a nova geometria. Essa operação será de movimento, semelhante ao que fazemos com a **tecla G**

Em qualquer momento do processo, você pode pressionar a **tecla ESC** no seu teclado para cancelar a transformação. Isso fará com que o Blender interrompa a transformação. Mas, o *Extrude* ainda terá sido feito.

A maneira correta de cancelar um Extrude enquanto o mesmo ainda está sendo executado é usando:

1. *Tecla ESC*

2. *Tecla CTRL+Z*

Isso fará com que o Extrude seja cancelado e a operação revertida. Caso você não use as duas teclas para o procedimento, o resultado será que as cópias dos objetos criadas com o *Extrude* permanecem existindo no seu projeto.

2.4.3 Extrude com precisão

Assim como acontece com transformações de objetos é possível aplicar precisão numérica para os *Extrudes*. Você só precisa digitar o valor e escolher o eixo desejado, para que o *Extrude* seja criado com precisão.

Por exemplo, para fazer um Extrude com exatamente 3 unidades no eixo X você pode selecionar um vértice e:

1. Pressionar a **tecla E**

2. Pressionar a **tecla X** para limitar a transformação ao eixo X

3. Digitar o valor 3 no teclado

4. Pressionar **ENTER** para confirmar

No final você terá uma aresta com exatamente 3 unidades de comprimento.

2.5 Menu de contexto para polígonos

Sempre que você estiver no modo de edição com o Blender, existe um menu especial que irá ajuda na modelagem sempre exibindo opções com base no que você tem selecionado. Esse menu se chama **Mesh Context Menu**. Para abrir essas opções, você deve usar o **botão direito do mouse** (Figura 2.13).

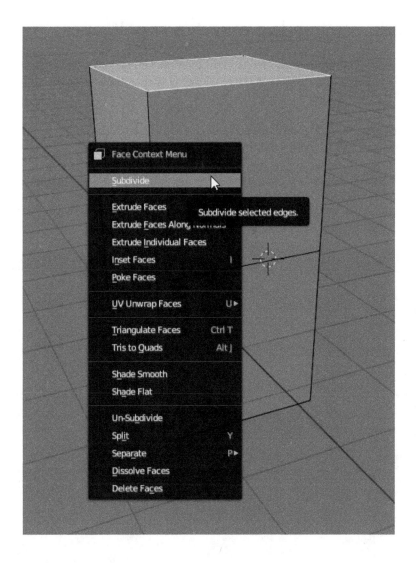

Figura 2.13 - *Menu com opções de modelagem*

As opções desse menu podem mudar de acordo com o que você possui selecionado. Algumas opções só aparecem quando você possui tipos específicos de objetos selecionados.

Por exemplo, a opção *Bridge Faces* só aparece quando você possui faces selecionadas. Outras opções como *Duplicate, Subdivide, Shade Smooth* ou *Shade Flat* são comuns para todos os tipos de seleção.

Ao longo do livro vamos usar esse menu de contexto em diversas ocasiões para exercícios de modelagem.

Dica: Para quem usa o método antigo de modelagem no Blender, usando o botão esquerdo do mouse, o menu é aberto com a tecla W.

2.6 Duplicando, separando e conectando polígonos

Depois que você conhece o Extrude como ferramenta de modelagem começam a surgir algumas dúvidas sobre operações adicionais com polígonos. Como é possível realizar edições como duplicação, separação ou ligação entre partes de polígonos?

Para duplicar partes de um polígono você pode usar a mesma tecla de atalho do modo objeto, que é o **SHIFT+D**. É só selecionar o objeto ou partes dele e acionar o atalho.

Assim que uma cópia dos objetos é criada, pode ser necessário fazer uma ligação entre as partes. Por exemplo, ao duplicar um objeto você pode precisar conectar essas novas partes ao volume original. Na Figura 2.14 você pode observar uma aresta que foi duplicada e agora está solta da estrutura principal.

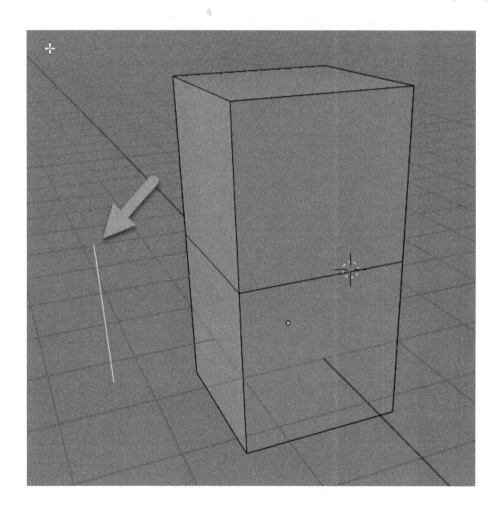

Figura 2.14 - *Aresta solta*

Você pode conectar essa aresta usando as seguintes opções:

– **Tecla F**: Selecione duas arestas ou vértices e pressione a **tecla F**. Isso cria uma ligação entre os objetos selecionados.

– **Menu de contexto**: Clique com o botão direito do mouse e escolha a opção *Bridge Edge Loops*, para criar uma ligação entre as arestas. Essa opção só aparece com arestas selecionadas. No caso de vértices será exibida a opção *New Edge/Face from vertices*.

Independente da opção escolhida, o resultado será a ligação entre a aresta com a estrutura principal (Figura 2.15).

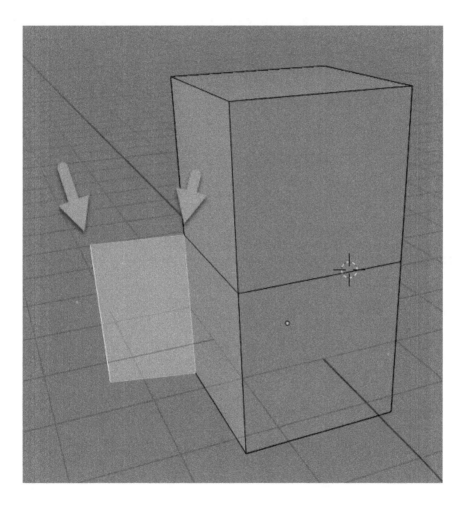

Figura 2.15 - *Ligação entre objetos*

E para quebrar um polígono em dois objetos diferentes? Nesse caso, você vai precisar usar a **tecla P** para acionar a opção **Separate**. O procedimento é simples e envolve apenas selecionar a parte do objeto que você deseja separar.

Ao pressionar a tecla P três opções aparecem na tela:

- Selection

- By Material

- By loose parts

Se você escolher a primeira opção, as partes selecionadas são separadas e um novo polígono é criado com base na seleção. A segunda opção usa materiais para fazer a separação e a última partes não conectadas do objeto.

Para selecionar e editar o objeto recém criado, você precisa voltar para o modo objeto usando o seletor de modos ou então a **tecla TAB**.

Essa mesma opção está disponível no **menu Mesh → Separate**.

Dica: O menu Mesh só aparece no modo de edição dos polígonos.

2.7 Edição de múltiplos objetos

Um recurso que pode ser útil quando você possui diversos objetos que precisam ser editados é a edição múltipla. Para editar vários objetos ao mesmo tempo, basta fazer a seleção de dois ou mais polígonos e acionar o modo de edição.

Você poderá editar e ajustar e fazer relações entre os objetos no modo de edição ao mesmo tempo.

2.8 União e mesclagem de polígonos

Acabamos de conhecer as técnicas e opções para fazer a separação de polígonos com a **tecla P**. Para fazer o inverso e unir dois polígonos no mesmo objeto você pode usar a opção *Join* com o **CTRL+J**.

A opção não pode ser acionada no modo de edição e só funciona quando você estiver no modo objeto. Ela também aparece no **menu Object → Join**.

Além de fazer a união entre polígonos inteiros, ainda existe a opção de fazer a ligação e mesclagem de partes menores como vértices. Essa operação deve ser realizada no modo de edição com a ferramenta *Merge*.

O atalho para o *Merge* é o **ALT+M** que está disponível também no menu de contexto. Como funciona?

Ao selecionar dois ou mais vértices de um objeto e acionar o *Merge*, você poderá escolher como será feita a união:

- **At First**: Com a posição final no primeiro vértice selecionado

- **At Last**: Com a posição final no último vértice selecionado

- **At Center**: Com a posição final no ponto médio da seleção

- **At Cursor**: Com a posição final no cursor 3D

- **Collapse**: Aqui você pode usar centros individuais para grupos de vértices diferentes

A Figura 2.16 mostra um exemplo de como ficaria a união de dois vértices usando a opção *Merge* com **At Center**.

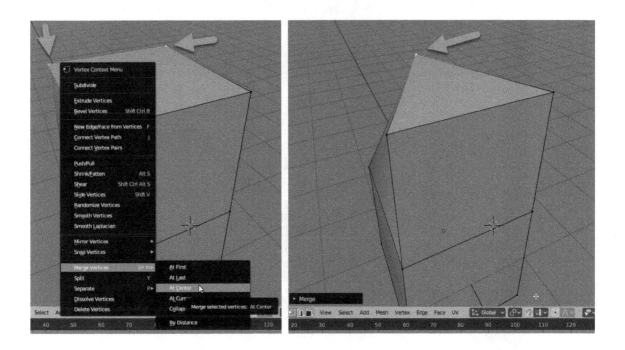

Figura 2.16 - *União de vértices*

2.9 Exemplo prático de modelagem

Agora que você já conhece um pouco as ferramentas de modelagem e Extrude, podemos realizar um pequeno exercício. O objetivo será a criação de uma cadeira baseada em polígonos usando como ponto de partida um cubo.

A Figura 2.17 ilustra o resultado final do nosso exercício.

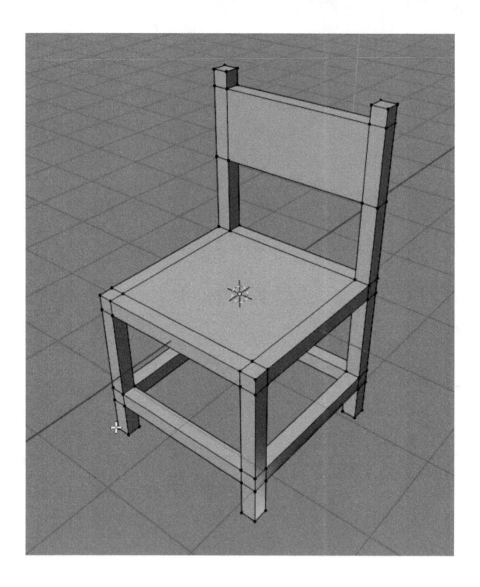

Figura 2.17 - *Resultado final do exercício de modelagem*

Para criar esse objeto vamos realizar diversos passos, e basta seguir as orientações para chegar no resultado.

Passo 1: Crie um arquivo novo e selecione o cubo inicial do Blender, ou crie um cubo novo se desejar com a **tecla SHIFT+A**.

Passo 2: Com o cubo selecionado, aplique uma escala no objeto apenas no eixo Z. Pressione a **tecla S** depois a **tecla Z**. O valor dessa escala deve ser de 0.1 unidades. Digite 0.1 no teclado e pressione **ENTER** para confirmar. Você terá um cubo achatado (Figura 2.18). Como essa foi uma operação de escala, aplique a transformação com a **tecla CTRL+A** e escolha *Scale*.

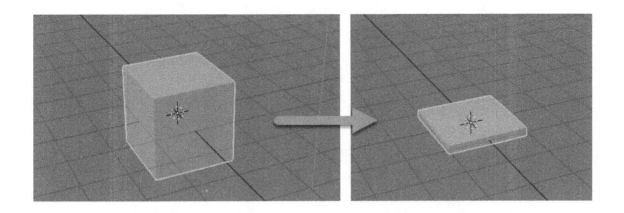

Figura 2.18 - *Cubo achatado*

Passo 3: Agora você deve entrar no modo de edição, e selecionar apenas uma das laterais do cubo. Aplique um *Extrude* nessa face com apenas 0.2 de comprimento para o lado externo (Figura 2.19).

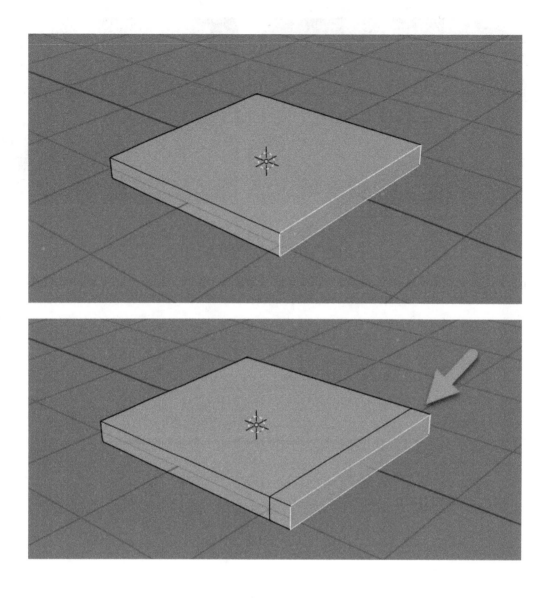

Figura 2.19 - *Extrude lateral*

Passo 4: Repita o mesmo Extrude do passo 3 no lado inverso do objeto (Figura 2.20).

Figura 2.20 - *Extrude no lado inverso*

Passo 5: O objeto agora é aplicar um extrude nos dois lados com três faces. Uma grande no centro e duas faces menores nas extremidades. Selecione todas as faces em um desses lados e aplique um extrude com 0.2 de dimensão. E repita o procedimento do lado oposto. Você terá uma base para a cadeira como mostra a Figura 2.21.

Figura 2.21 - Base da cadeira

Passo 6: Ao usar o botão do meio e orbitar a cena, podemos visualizar a parte inferior do objeto. Observe que existem quatro pequenas faces nos cantos do nosso modelo. Qual a função dessas faces? Essa será a nossa referência para fazer *Extrudes* para gerar as pernas e encosto da cadeira. Selecione as quatro faces da parte inferior e aplique três *Extrudes* seguidos com 1.2, 0.2 e 0.5 de tamanho.

Passo 7: Se você lembra da Figura 2.17 que mostra o resultado final da cadeira, as pernas possuem uma ligação entre elas. A conexão é feita com base nas pequenas faces intermediárias das pernas. Selecione duas faces opostas e usando o menu de contexto, com o botão direito do mouse, escolha a opção *Bridge Faces* (Figura 2.22).

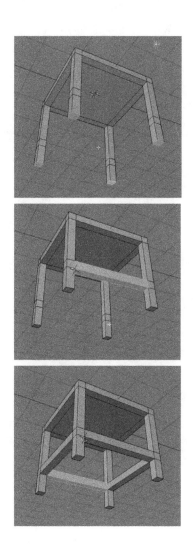

Figura 2.22 - Conexão das pernas

Passo 8: Repita o mesmo procedimento nos outros lados da cadeira.

Passo 9: Altere o ângulo de visão para a parte superior do assento e selecione apenas duas das pequenas faces no mesmo lado do objeto. Nosso objetivo agora é fazer o encosto. Aplique novamente três Extrudes com dimensões de 1.0, 0.9 e 0.2 (Figura 2.23).

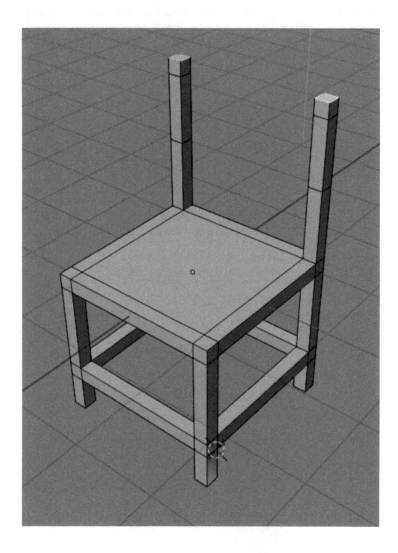

Figura 2.23 - Extrudes para encosto

Passo 10: Para finalizar a nossa cadeira, precisamos apenas fazer a ligação entre as duas partes laterais do encosto. Selecione as faces internas intermediárias e abra o menu de contexto usando o botão direito. Escolha a opção **Bridge Faces** (Figura 2.24).

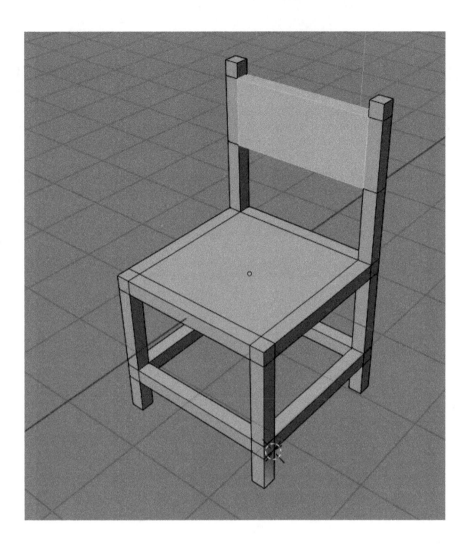

Figura 2.24 - *Bridge Faces*

Se você seguiu todos os passos até esse ponto, vai ter como resultado uma cadeira 3D finalizada. Para otimizar e continuar evoluindo no nosso aprendizado sobre o Blender, salve o arquivo no seu computador para que possamos continuar editando o objeto no próximo capítulo.

Capítulo 3 - Recursos adicionais de modelagem 3D

Com os recursos de modelagem 3D do Blender você consegue criar os mais diferentes tipos de objetos para fins de visualização ou animação. O Extrude resolve muita coisa relacionada com modelagem 3D, mas ele ainda precisa de outras ferramentas adicionais para conseguir gerar algumas formas.

Ao longo desse capítulo você conhece algumas dessas outras ferramentas do Blender. O método usado para abordar as ferramentas será a descrição do que elas fazem em termos de modelagem.

3.1 Controlando a origem dos modelos 3D

Antes de continuarmos com as ferramentas de modelagem é importante conhecer uma opção útil do Blender, que é necessária para realizar algumas operações.

Sempre que você cria um objeto no Blender ele terá algo chamado de ponto de origem. Esse ponto de origem é identificado na sua Viewport por um pequeno círculo laranja como mostra a Figura 3.1.

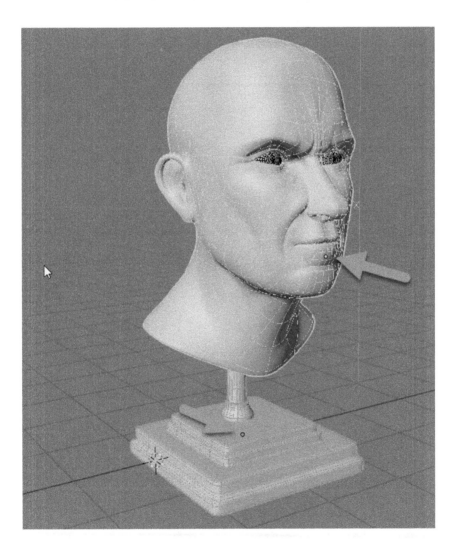

Figura 3.1 - *Ponto de origem no Blender*

Qual a importância desse ponto de origem para operações relacionadas com modelagem 3D? Existem diversos motivos para querer ter controle sobre esse ponto:

– Ele é a referência para posicionamento dos objetos

– A origem funciona como ponto pivô de operações como escala e rotação

– É o ponto mediano para operações de espelhamento ou modelagem espelhada

Se você não tiver controle sobre o local desse ponto, suas opções relacionadas com modelagem diminuem bastante.

Como manipular o ponto de origem? Você pode entrar no modo de edição para qualquer polígono, e ao selecionar toda a estrutura dos objetos mover apenas os elementos. Isso vai deixar o ponto de origem fixo.

Mas, isso acaba tirando toda a precisão e controle sobre a origem. A melhor maneira de controlar o ponto de origem é usando duas ferramentas do Blender:

– Snap com o cursor 3D (**Tecla SHIFT+S**)

– Menu Object → Set Origin

Como funciona? Para usar essas opções é necessário selecionar um objeto como exemplo. Veja o caso da nossa cadeira modelada no capítulo 2. O ponto de origem do modelo 3D está no assento da cadeira. O ideal é posicionar o mesmo na base da cadeira (Figura 3.2).

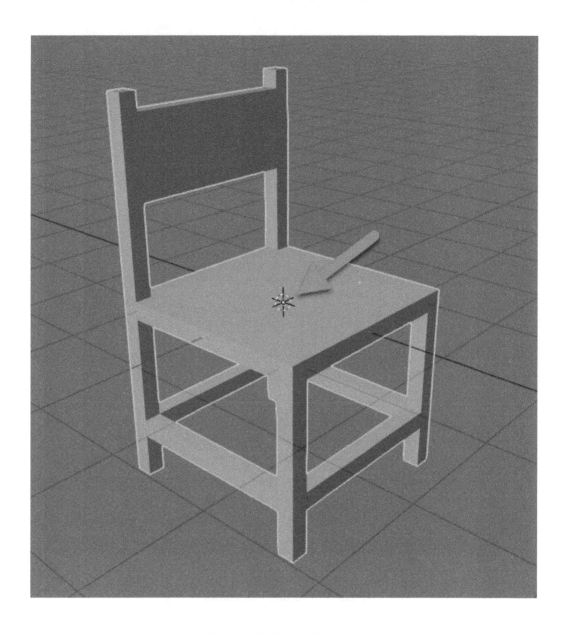

Figura 3.2 - *Origem da cadeira*

Para reposition o ponto de origem será preciso usar o cursor 3D como referência. O processo é simples:

Passo 1: Selecione os vértices, arestas ou faces da parte inferior da cadeira no modo de edição (Figura 3.3). Use o modo de visualização em arame para facilitar a seleção com a **tecla B**.

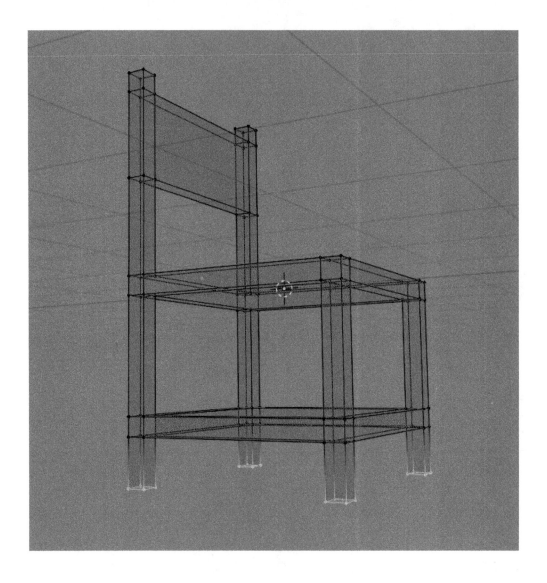

Figura 3.3 - Vértices selecionados

Passo 2: Assim que você tiver os objetos selecionados, pressione a **tecla SHIFT+S** para acionar o Snap. Escolha a opção **Cursor to Selected**. Isso fará com que o cursor 3D fique no ponto médio entre todos os objetos selecionados.

Passo 3: Quando o cursor 3D estiver no ponto médio entre os vértices selecionados, volte para o modo objeto use o **menu Object → Set Origin → Origin to 3D Cursor**. Essa operação fará com que a origem se desloque para a posição do cursor 3D (Figura 3.4).

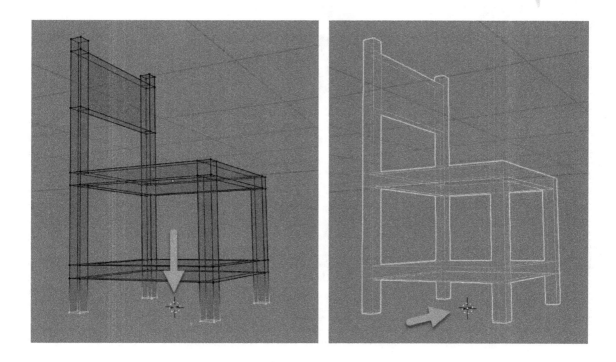

Figura 3.4 - *Nova posição da origem*

Qual a diferença em ter o ponto de origem nessa localização? Agora será possível mover o objeto usando como base a origem. Outra vantagem é o posicionamento. Por exemplo, se você tiver uma superfície qualquer o cursor 3D pode funcionar como ponto de destino.

Basta selecionar um plano ou superfície e alinhar o cursor 3D com esse plano usando o Snap. Pressione a **tecla SHIFT+S** e escolha **Cursor to Selected**.

Depois, selecione o objeto e pressione novamente o atalho do Snap e escolha a opção **Selection to Cursor**. O objeto será posicionado exatamente sobre a superfície (Figura 3.5).

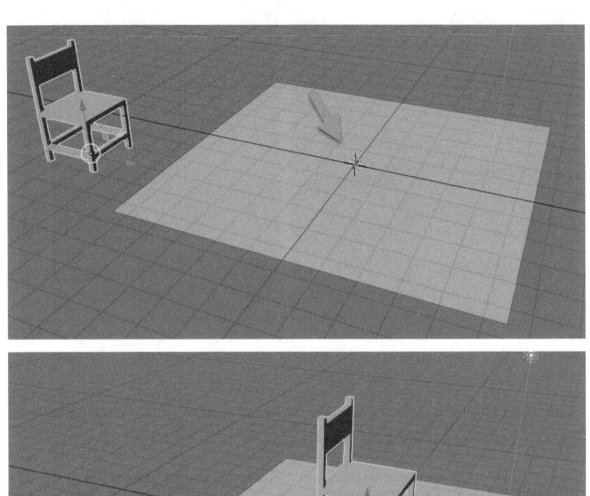

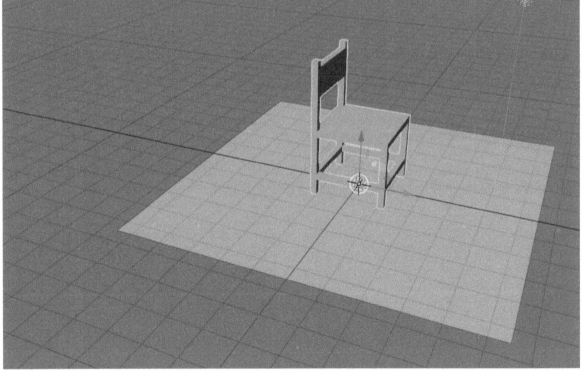

Figura 3.5 - *Movendo objetos com precisão*

Use o Snap para ter controle e precisão sobre posicionamento e também deslocar o ponto de origem dos objetos.

3.2 Modelagem 3D simétrica

Quando você possui modelos 3D com partes iguais ou que apresentam algum tipo de simetria, é possível usar ferramentas específicas para gerar cópias ou o espelhamento dessas partes. Isso é a chamada modelagem simétrica ou espelhada.

Ao usar essas ferramentas você economiza tempo e consegue gerar modelos 3D de maneira muito mais rápida.

3.2.1 Ferramenta mirror em polígonos

A primeira opção para conseguir trabalhar com modelagem espelhada é uma ferramenta disponível no **menu Mesh → Mirror** dentro do modo de edição. Com essa ferramenta você pode selecionar uma parte de qualquer polígono e fazer um espelhamento.

Por exemplo, ao selecionar apenas parte de um modelo 3D é possível acionar o menu ou então o seu **atalho CTRL+M**. Veja o exemplo demonstrado na Figure 3.6 que foi modelado com base em um círculo e diversos Extrudes.

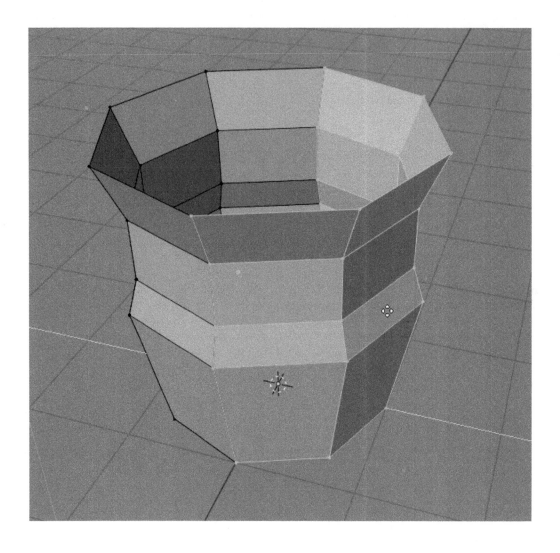

Figura 3.6 - Modelo de exemplo

Ao selecionar apenas a parte em que você irá realizar o espelhamento e pressionando a **tecla CTRL+M**, será possível fazer uma cópia. Os únicos requisitos para que você consiga copiar o objeto para o lado oposto são:

- Ter o ponto de origem na extremidade do objeto

- Identificar qual o eixo do espelhamento

Antes de realizar o espelhamento, pressione a **tecla SHIFT+D** e logo depois **ESC**. Isso faz uma cópia do objeto e cancela a transformação. A cópia ficará no mesmo local que o objeto original.

Dica: Use a tecla CTRL+L para selecionar partes conectadas. Por exemplo, ao selecionar apenas um vértice é possível adicionar na seleção todos os elementos conectados naquele vértice.

Quando você acionar o atalho do espelhamento, irá aparecer na barra de status uma mensagem pedindo para que seja informado o eixo do espelhamento. Pressione a tecla correspondente, que nesse caso é o Y.

Você terá uma cópia espelhada como mostra a Figura 3.7.

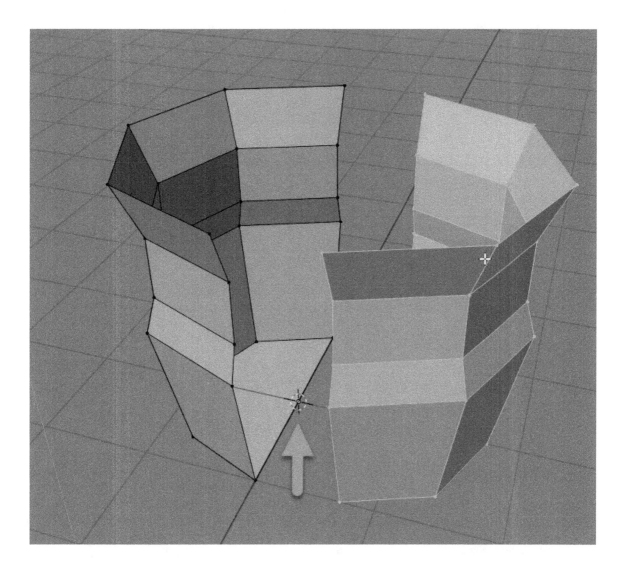

Figura 3.7 - Cópia espelhada

Atenção: A cópia é realizada de maneira livre e você pode precisar fazer a junção dos vértices para conectar os objetos. Se o ponto de origem estiver exatamente no eixo dos objetos, é possível pressionar a tecla A para selecionar tudo e depois o menu Vertex → Remove Double Vertices para fazer a união.

3.2.2 Modelagem espelhada com modificador Mirror

Se você prefere uma modelagem mais interativa em que é possível ver o progresso do modelo 3D a medida em que o mesmo é criado, existe o modificador Mirror.

O que são modificadores? São ferramenta especiais que ajudam na modelagem e outras tarefas no Blender. Eles podem ser misturados, organizados e eventualmente removidos de objetos 3D.

Para adicionar modificadores em objetos, você deve usar a aba dos modificadores no editor de propriedades (Figura 3.8).

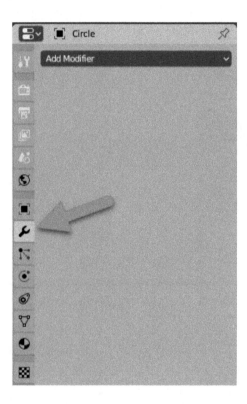

Figura 3.8 - Modificadores nas propriedades

Como funciona o modificador Mirror? Simples, ele vai espelhar qualquer objeto poligonal em que esteja aplicado. Antes de mais nada, precisamos aplicar o modificador. Selecione um objeto e escolha no modificador mirror da lista que aparece quando a opção Add Modifier é acionada (Figura 3.9).

Figura 3.9 - Add modifier

O modificador possui alguns controles que mudam de acordo com o tipo escolhido. No caso do Mirror a principal opção é o Axis, que determina o eixo fo espelhamento. É possível escolher mais de um eixo se for necessário.

Além do eixo, outra opção importante é o **Merge Limit** que especifica o limite de distância para que o próprio modificador faça a mesclagem dos objetos.

Uma das vantagens em usar o modificador Mirror é que você pode continuar editando o modelo 3D e verificar a sua progressão com a visão do objeto em modo espelhado.

Por exemplo, podemos começar a fazer a modelagem de um objeto em modo espelhado:

Passo 1: Crie um objetor poligonal do tipo círculo (*Circle*) com 8 lados e faça a rotação desse objeto no eixo Y em 90 graus, assim como aprendemos no capítulo 1. Aplique essa rotação com a **tecla CTRL+A** e depois adicione o modificador Mirror.

Passo 2: No modo de edição será possível selecionar apenas os vértices desse objeto. Use a **tecla A** para selecionar tudo de uma só vez. Depois crie um Extrude apenas no eixo X. Pressione a tecla E e depois X para restringir o Extrude. Digite o valor 1 para determinar o tamanho do Extrude e pressione Enter para confirmar. Você vai visualizar a alteração sendo realizada no lado oposto (Figura 3.10).

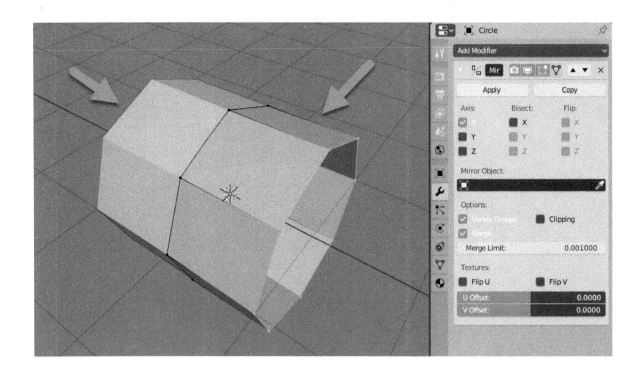

Figura 3.10 - *Círculo com Extrude*

Passo 3: Continue realizando Extrudes para acompanhar a evolução do modelo 3D em modo espelhado.

Passo 4: Para verificar apenas um lado do modelo, é possível desabilitar temporariamente o espelhamento. No painel do modificador existem controles para ligar e desligar o efeito. Caso seja necessário, você pode excluir o modificador usando o X no canto direito (Figura 3.11). Isso vale para todos os modificadores.

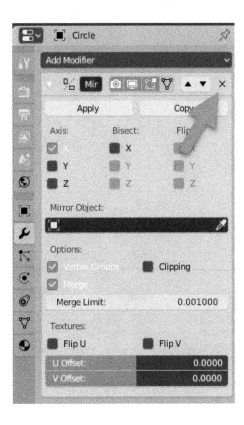

Figura 3.11 - Controles do modificador

Se você quiser, é possível ainda tornar o efeito do modificador permanente usando o **botão Apply**. Isso remove o modificador da lista e faz com que o efeito da modelagem seja permanente.

3.3 Suavização de modelos 3D

Depois que você começa a fazer modelos 3D poligonais no Blender, pode surgir a necessidade de suavizar as suas formas. Isso faz com que o modelos tenham mais curvas e aspecto mais orgânico.

A melhor solução para aplicar esse tipo de efeito em modelos 3D poligonais no Blender é com outro modificador. Dessa vez podemos usar o chamado *Subdivision Surface*. É com esse modificador que você consegue criar suavização das estruturas nos polígonos (Figura 3.12).

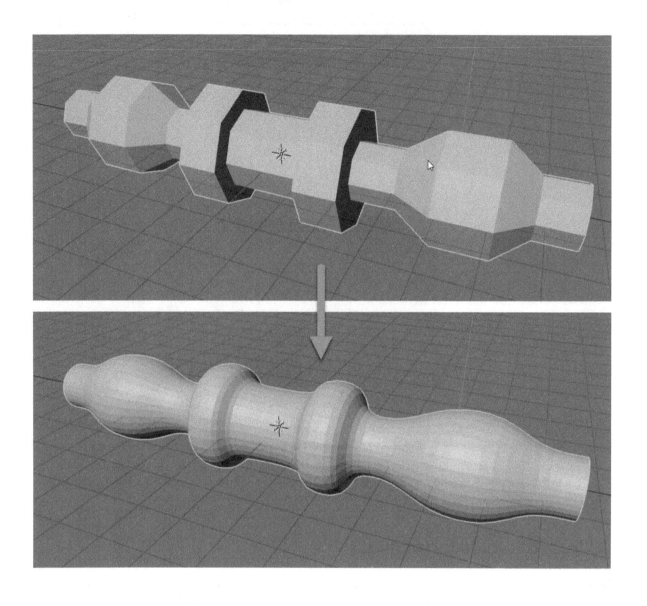

Figura 3.12 - *Modificador Subdivision Surface*

Repare que a Figura 3.12 mostra o efeito do modificador no nosso modelo criado com técnica do espelhamento. O mesmo agora apresenta superfícies muito mais arredondadas.

No modificador existem algumas opções que permitem controlar o nível de suavização dos objetos. No campo Subdivisions existem as opções:

- **View**: Número de interações na Viewport

- **Render**: Número de interações no Render

Você pode escolher trabalhar com interações maiores no render para poupar recursos na edição e manipulação dos modelos 3D. Quanto maior for a quantidade de subdivisões, mais poder de processamento será necessário para manipular seus objetos.

Qual o valor indicado? Geralmente valores entre 2 ou 3 subdivisões são mais do que suficientes para criar bons níveis de arredondamento.

3.3.1 Suavização entre faces

Um efeito indesejado da suavização dos polígonos no Blender é a criação de várias pequenas faces nas superfícies dos objetos. É algo natural para uma estrutura poligonal, mas que pode atrapalhar no momento da renderização (Figura 3.13).

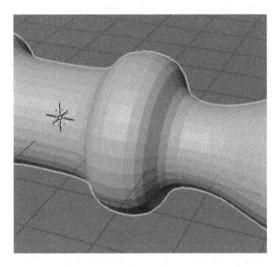

Figura 3.13 - *Superfícies facetadas*

Para remover esse efeito facetado da superfícies o Blender possui duas opções:

– Shade Smooth

– Shade Flat

Por padrão, seus modelos 3D sempre estão com o modo *Shade Flat* ativado. É ele que faz as faces das superfícies suavizadas ficarem facetadas. Basta escolher a opção **Shade Smooth** para que as bordas das faces fiquem mais suaves (Figura 3.14).

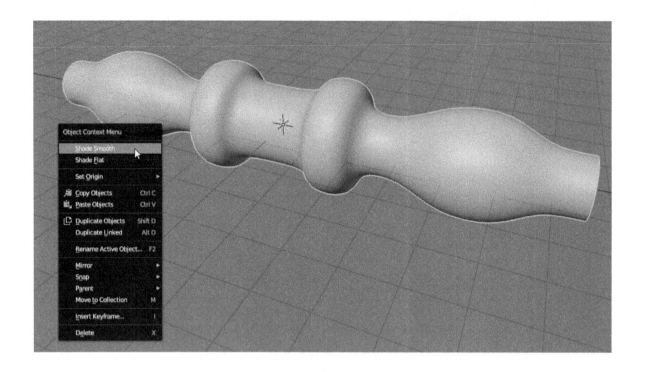

Como acionar esses modos? A opção mais simples é no modo de edição escolher o **menu Face → Shade Smooth** ou **Face → Shade Flat**. Quando o modo de seleção está marcado para faces, é possível usar o menu de contexto com o botão direito do mouse.

Atenção: Você precisa selecionar as partes do modelo 3D que deve receber a alteração no sombreamento. Para fazer em todo o objeto, use a tecla A.

3.4 Corte de polígonos

Em algumas situações e projetos de modelagem você eventualmente vai precisar fazer o corte dessas estruturas para segmentar objetos. O Blender apresenta diversas opções e ferramentas que ajudam a fazer esse tipo de segmentação. As duas principais são o Loop Cut e a ferramenta Knife.

Ambas podem ser acionadas pela barra de ferramenta lateral ou então por teclas de atalho.

Antes de partir para o uso dessas duas opções para modelagem, é importante ressaltar que você deve tomar cuidado com o uso em excesso desse tipo de ferramenta. Isso pode gerar problemas na organização das linhas nos polígonos e gerar "artefatos" ou pequenos defeitos nas superfícies.

Esses defeitos aparecem principalmente quando você tenta fazer a suavização dos objetos ou então animações com deformação.

3.4.1 Usando o Loop Cut

Uma das opções mais versáteis do Blender para cortar modelos poligonais é o *Loop Cut*. Com essa opção você pode fazer adicionar uma sequência de arestas em múltiplas faces, sempre tentando fazer uma volta completa na estrutura do modelo 3D. Essa volta completa é o chamado *Loop*.

Para usar o Loop Cut você pode usar o **atalho CTRL+R** no modo de edição ou então o botão equivalente na barra de ferramentas. Assim que você acionar o atalho ou botão, será preciso passar o cursor do mouse sobre uma aresta do seu modelo 3D (Figura 3.15).

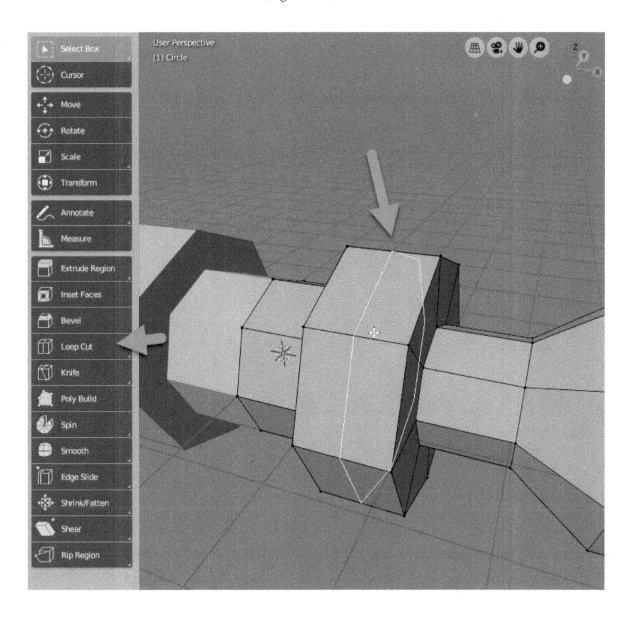

Figura 3.15 - *Escolhendo a posição do corte*

Quando o mouse estiver sobre uma aresta do objeto, uma linha perpendicular será projetada da aresta. Se forem encontradas faces suficientes, o corte dará uma volta completa no objeto. Clique uma vez com o botão esquerdo do mouse para confirmar a orientação do corte.

Depois você poderá escolher a posição do corte. Arraste o mouse e escolha o local clicando novamente com o botão esquerdo do mouse. Se preferir um corte exatamente no meio da aresta, use a **tecla ESC** para cancelar o posicionamento.

Dica: Para fazer múltiplos cortes no objeto, você pode usar o scroll do seu mouse no momento em que está selecionando a orientação do corte ou as teclas + e - do teclado.

3.4.1.1 Controle de suavização com Loop Cut

Na modelagem 3D é muito comum usar o Loop Cut como uma forma de ajustar as bordas dos objetos para determinar a sua suavização. Por exemplo, ao aplicar um modificador Subdivision Surface em um cubo você terá algo parecido com uma esfera.

Mas, ao adicionar um Loop Cut próximo do topo desse cubo você terá um efeito bem diferente. Quando mais próximas forem duas arestas, menor será o raio usado para arredondar a estrutura (Figura 3.16).

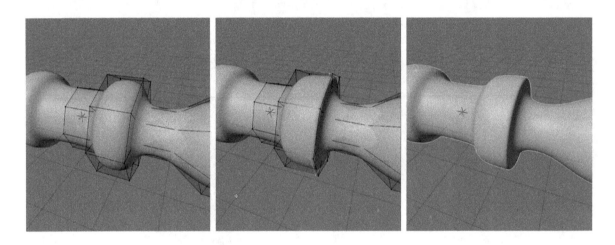

Figura 3.16 - Controle de arredondamento

3.4.2 Ferramenta Knife

Além da opção para fazer cortes usando o Loop Cut é possível também aproveitar a ferramenta *Knife*, que permite uma criação mais "livre" quando o assunto são cortes nos modelos 3D.

Para usar a ferramenta *Knife* é possível usar a **tecla K** no modo de edição ou então o botão correspondente na barra de ferramentas.

Assim que a ferramenta é acionada você poderá começar a cortar os modelos 3D. O processo é simples e consiste em fazer marcações na superfície dos objetos usando o cursor do mouse, que se transforma em uma faca (Figura 3.17).

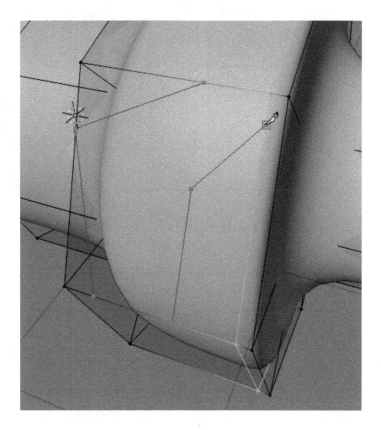

Figura 3.17 - *Ferramenta Knife*

Escolha os locais e usando o botão esquerdo do mouse confirme a forma desejada para o corte. Faça várias marcações e confirme com a **tecla ENTER** quando quiser finalizar.

3.5 Perfis e revoluções para modelagem

Nos softwares de modelagem 3D é muito comum encontrar opções para fazer criação com base em perfis de revolução. A técnica consiste em criar um perfil simples que será rotacionando sobre um eixo para gerar uma superfície.

Fica mais fácil de entender o conceito observando a Figura 3.18.

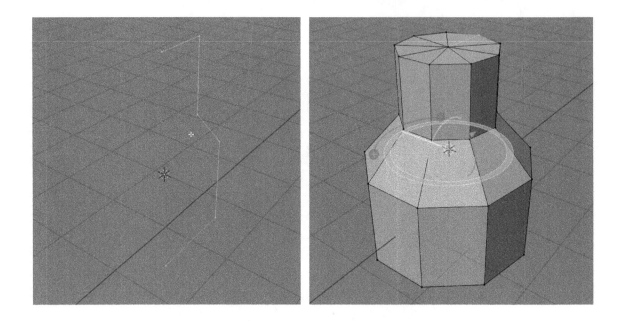

Figura 3.18 - *Perfil de revolução*

O Blender possui uma ferramenta chamada de *Spin* que consegue fazer exatamente esse tipo de processo.

Para conseguir gerar esse tipo de modelo 3D é necessário seguir algumas regras básicas para gerar os objetos:

- Você deve fazer a modelagem dos perfis sempre usando uma vista ortogonal

- O Spin funciona com base na visão que você está tendo do objeto. A rotação será sempre perpendicular ao seu ângulo de visão

- Prefira criar perfis usando apenas arestas de polígonos

Por exemplo, o para conseguir criar o objeto apresentado na Figura 3.18 foi gerado um objeto na vista frontal (Figura 3.19).

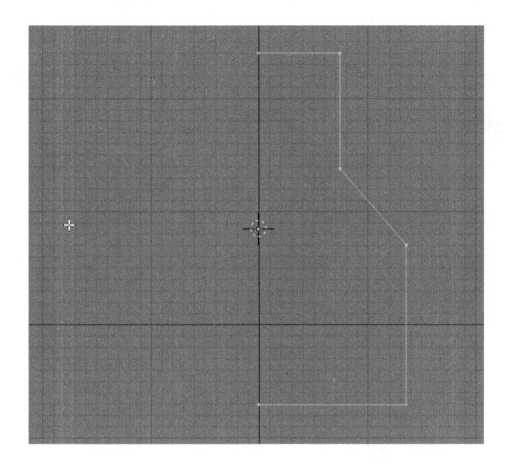

Figura 3.19 - *Perfil para o Spin*

A modelagem começou com um plano em três dos quatro vértices foram excluídos, para depois ser usado apenas um dos vértices como base. Usando o Extrude é possível gerar essa forma.

Com o perfil pronto o próximo passo foi alterar a visão para um modo em que a rotação fosse perpendicular. Nesse caso a escolhida foi a vista de topo (*Tecla 7*).

Assim que você estiver na vista superior, acione o *Spin* usando o botão na barra de ferramentas. Um arco azul vai aparecer sobre o objeto. Clique e arraste o cursor sobre o arco para começar o *Spin*.

Use o menu flutuante para ajustar os parâmetros do Spin como o número de cópias e ângulo usado para rotação. Nesse caso foram usados 360 graus e 24 cópias (Figura 3.20).

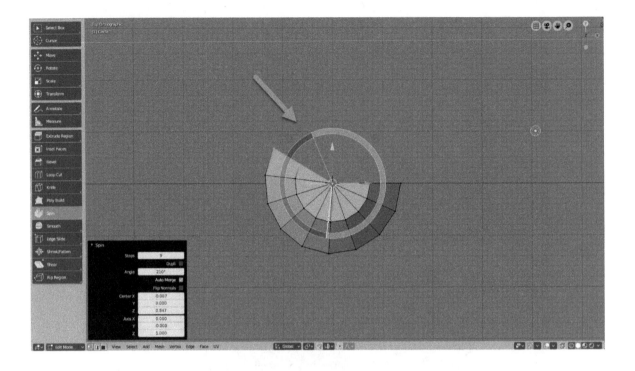

Figura 3.20 - Configurando o Spin

Você deve fazer os ajustes no Spin nesse momento apenas, pois depois não será possível alterar os parâmetros. Use as ferramentas de suavização e corte para fazer modificações na estrutura do objeto.

Sempre que existe uma forma ou objeto que possa ser definido com base em perfis bidimensionais, você pode usar o Spin para gerar esse tipo de objeto.

Ao marcar a **opção Dupli** no painel de opções, você terá apenas cópias dos objetos sendo geradas sem nenhuma ligação entre as estruturas.

3.6 Adição, subtração e intersecção

Os projetos de modelagem podem assumir as mais diferentes formas e dependendo do caso pode ser necessário recorrer a recursos ou técnicas adicionais de modelagem para atingir seus objetivos. Um dos modificadores do Blender pode ajudar muito nesse tipo de situação.

É o caso do modificador Boolean que trabalha com composição de formas. Você pode gerar formas novas com base na interseção de dois ou mais polígonos. Por exemplo, é possível subtrair um volume de outro usando o modificador.

Existem três modos básicos no Boolean:

- Difference (Subtração)

- Union (União)

- Intersect (Interseção)

Para usar o modificador você precisa de dois objetos, sendo que um deles apenas recebe o modificador na lista. O segundo objeto deve ser indicado com base no campo *Object* dentro do modificador.

Podemos usar como exemplo duas formas ilustradas na Figura 3.21.

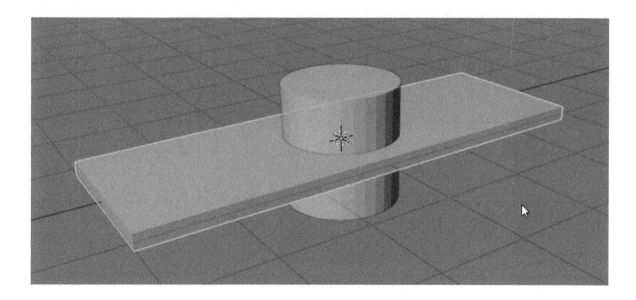

Figura 3.21 - *Formas para Boolean*

Ao adicionar o modificador Boolean no modo objeto no polígono maior, será preciso escolher o tipo de operação que nesse caso será "Difference" e depois no campo Object você pode adicionar o segundo objeto pelo nome, ou use o "conta gotas" para clicar sobre o cubo menor (Figura 3.22).

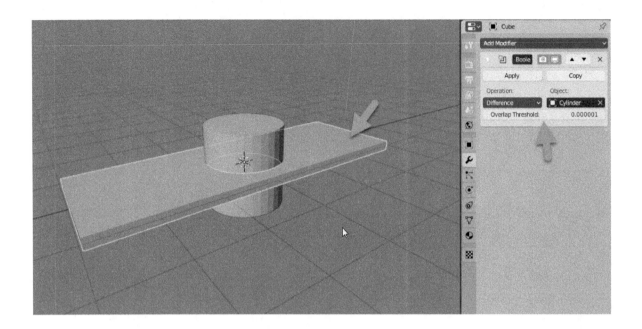

Figura 3.22 - Configurando o modificador

Como resultado do processo você terá o objeto maior com um "furo" que foi criado com base no volume do objeto menor (Figura 3.23).

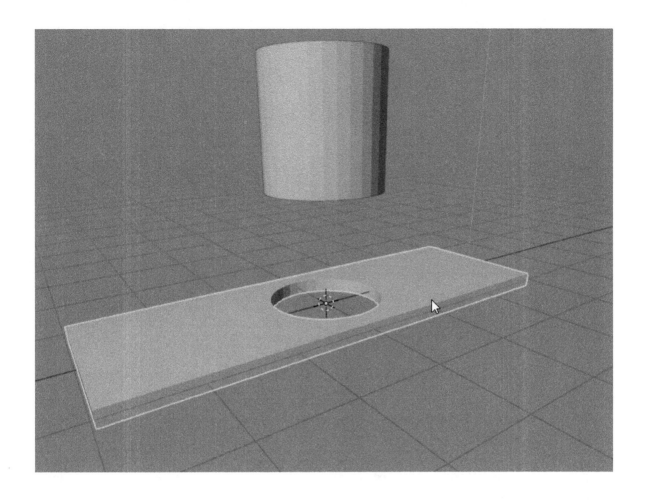

Figura 3.23 - *Resultado do Boolean*

Apesar de aparecer na tela do Blender como um novo objeto pronto, você ainda pode fazer modificações e alterar o *Boolean*. Para aplicar essa forma e criar um novo objeto use o **botão Apply** nas configurações do *Boolean* para gerar uma nova forma.

Atenção: O uso de múltiplos modificadores Boolean pode gerar diversas faces triangulares nos seus modelos 3D, o que pode atrapalhar futuros projetos de modelagem ou animação por deformação.

3.7 Inserção de faces

Entre as ferramentas de modelagem poligonal no Blender você vai encontrara algumas que parecem simples, mas podem ajudar muito na criação de formas complexas. Esse é o caso do Inset faces que pelo nome você já pode supor que funciona no modo de seleção para faces do modo de edição.

Como ele funciona? O **Inset Faces** cria uma cópia menor de uma face que pode servir de base para gerar formas mais complexas. Você duas opções para acionar o Inset:

– Usando a **tecla I** com uma face selecionada

– Com o **menu Face** → **Inset Faces** com uma face selecionada

Ao acionar a ferramenta você será capaz de criar uma cópia reduzida da face. Por exemplo, ao aplicar o Inset na face ilustrada na Figura 3.24 o resultado será uma cópia em tamanho menor.

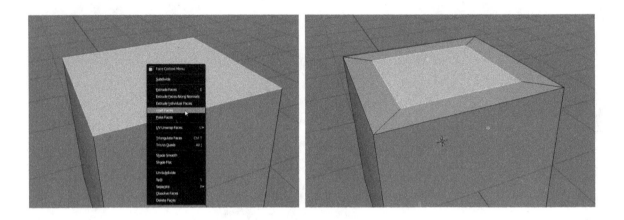

Figura 3.24 - *Inset Faces*

O procedimento para usar a ferramenta é simples. Você deve acionar o Inset e depois mover o cursor do mouse na direção da face selecionada. Para finalizar o Inset é só clicar para encerrar.

É possível digitar o valor do Inset no teclado para ter mais precisão na modelagem. Pressione a **tecla Enter** para finalizar quando digitar os valores.

Capítulo 4 - Renderização com Cycles e Eevee

Entre os recursos que surgiram no Blender que trouxeram os maiores benefícios para seus usuários, podemos colocar em destaque os renderizadores que surgiram como opções para criar realismo.

O primeiro renderizador avançado do Blender foi o Cycles que trouxe muitas melhorias. Mas, quem está causando uma revolução no software pela sua rapidez e qualidade é o Eevee. Com esse renderizador você pode criar imagens usando tecnologia de ponta em tempo-real.

Essa é a grande vantagem do Eevee em comparação com o Cycles, a possibilidade de gerar imagens realistas usando render imediato! Sem a necessidade de esperar minutos, horas ou dias pela criação de imagens ou vídeos.

4.1 Renderizando com Eevee

A primeira coisa que você deve fazer para renderizar seus projetos com o Eevee no Blender é selecionar o renderizador como sendo a Engine para gerar imagens. Isso pode ser feito no painel de propriedades, usando a aba *Render* como mostra a Figura 4.1.

Figura 4.1 - *Escolhendo o Eevee*

Quando você escolhe um renderizador no Blender, os recursos e painéis relacionados com geração de imagens se adaptam para exibir as opções desse render. Por exemplo, ao escolher o Cycles você terá opções diferentes de ajustes para o gerar as imagens.

Em relação ao uso em conjunto dos dois renderizadores, é possível reaproveitar quase na íntegra ajustes entre o Eevee e Cycles, principalmente na parte de materiais e texturas.

Repare que na própria Figura 4.1 é possível identificar diversos ajustes e opções para o Eevee como:

- Sampling
- Ambient Occlusion
- Bloom
- Screen Space Reflections

Alguns dos ajustes precisam ser habilitados e outros como o Sampling precisam apenas receber valores numéricos.

Além da **aba Render Engine** você também vai precisar trabalhar com as opções do **Output** que praticamente não mudam entre o Eevee e Cycles.

4.1.1 Modos de visualização e render

Com o renderizador definido como sendo o Eevee é chegado o momento em que podemos começar a escolher os modos de visualização na Viewport. Por padrão, você começa com o modo simplificado para ver apenas sólidos.

Nesse modo você apenas visualiza cores simples nas superfícies dos objetos e sombras rudimentares. Para alterar os modos de visualização e renderizar em tempo-real já na Viewport, é possível escolher os modos com os ícones do cabeçalho na Viewport, que ficam no canto direito da interface (Figura 4.2).

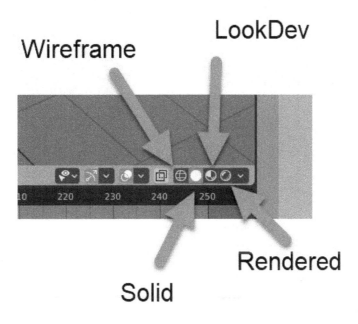

Figura 4.2 - *Modos de visualização*

Os botões habilitam da esquerda para direita os seguintes modos:

– Wireframe (Arame)

– Solid (Modo padrão)

– LookDev (Sombras melhoradas)

– Rendered (Modo renderizado)

Para conseguir trabalhar com seu projeto já no modo de renderização, escolha a opção Rendered na lista. Se você estiver usando o Eevee o uso do modo renderizado não impacta em nada a performance da cena.

É possível alterar usar a **tecla Z** para habilitar o **Pie Menu** e escolher o modo de visualização desejado.

Faz muita diferença usar o modo renderizado? Veja uma comparação entre duas imagens no modo Solid e outra Rendered na Figura 4.3.

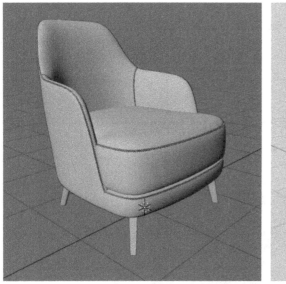 

Figura 4.3 - Comparando imagens

Repare como o resultado no modo renderizado é muito melhor visualmente e quando adicionamos materiais e texturas o visual é ainda mais realista.

4.2 Configurando o ambiente

A renderização com o Eevee é apenas o primeiro passo para conseguir gerar imagens realistas. Ainda é preciso fazer diversos ajustes em luzes e no ambiente para ter resultados satisfatórios e controle sobre sombras e outros efeitos.

No que se refere ao Eevee é possível fazer ajustes em:

– Luzes

– Ambiente

– Efeitos

O conjunto desses três elementos pode gerar imagens com grande nível de realismo.

4.2.1 Tipos de luzes

No Blender existem quatro tipos de luzes que você pode usar nos seus projetos que oferecem maneiras diferentes de iluminar uma cena. Sempre que você começar uma cena no Blender por padrão uma dessas luzes estará presente. É possível criar luzes novas usando o **atalho SHIFT+A** e escolhendo a opção *Light*.

Os quatro tipos de luzes existentes no Blender são:

– **Point**: A luz é irradiada de um único ponto para todos os lados

– **Sun**: Fonte de luz única direcionada para apenas uma direção

– **Spot**: Iluminação em forma de cone que pode assumir diversos tamanhos

– **Area**: Plano que emite grande quantidade de luz em uma área

Cada uma delas adquire um comportamento único para iluminar projetos e possuem utilidades em projetos específicos.

Além de criar luzes novas para a sua cena é possível também alterar uma luz existente e fazer a mesma assumir comportamentos diferentes. Basta selecionar uma luz existente e abrir a aba *Object Data* na janela de propriedades (Figura 4.4).

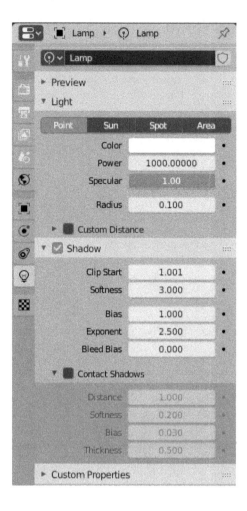

Figura 4.4 - *Opções da luzes*

Ao escolher um tipo diferente de luz na parte superior, você modifica o tipo de uma luz existente.

Ainda na Figura 4.4 é possível observar algumas características únicas em cada uma das luzes. Na parte superior você pode modificar três ajustes que existem em todas as luzes:

– **Color**: Cor da luz

– **Energy**: Intensidade

– **Specular**: Intensidade do efeito gerado pela reflexão da luz

Outro ajuste que é comum em todas as fontes de luz é o parâmetro "Shadow" que se não estiver ligado fará com que a sua luz não gere nenhum tipo de sombra. Para as sombras ainda é possível configurar:

– **Clip start**: Distância para iniciar a sombra

- **Softness**: Suavização da borda

- **Bias**: Redução das sombras próprias nos objetos

- **Exponent**: Redução do "vazamento" de luz em modelos 3D

Cada uma das luzes possui ajustes únicos que se aplicam apenas ao tipo de objeto selecionado. Por exemplo, as luzes do tipo Spot permitem ajustar a forma do cone para emissão de luz. Já as luzes do tipo Area permitem controlar o tamanho da forma usada para gerar luz.

As luzes no Eevee e Cycles possuem aplicações semelhantes e usos comuns. Alguns exemplos de usos para as luzes:

- **Sun**: É usada em ambientes externos ou na simulação direta da luz solar.

- **Area**: Ao posicionar essas luzes em aberturas como portas ou janelas, é possível aumentar a iluminação para cenas internas.

- **Spot**: Quando é preciso simular iluminação com aumento progressivo na área da luz

Na Figura 4.5 você pode observar um ambiente fechado que possui luzes do tipo Area em cada uma das aberturas e também outra luz do tipo Sun servindo como fonte principal de iluminação externa.

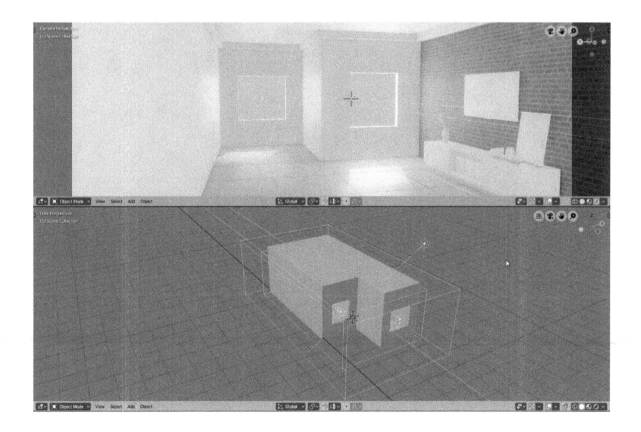

Figura 4.5 - *Cena com luzes*

Os ajustes para as luzes do tipo Area e Sun podem ser conferidos na Figura 4.6.

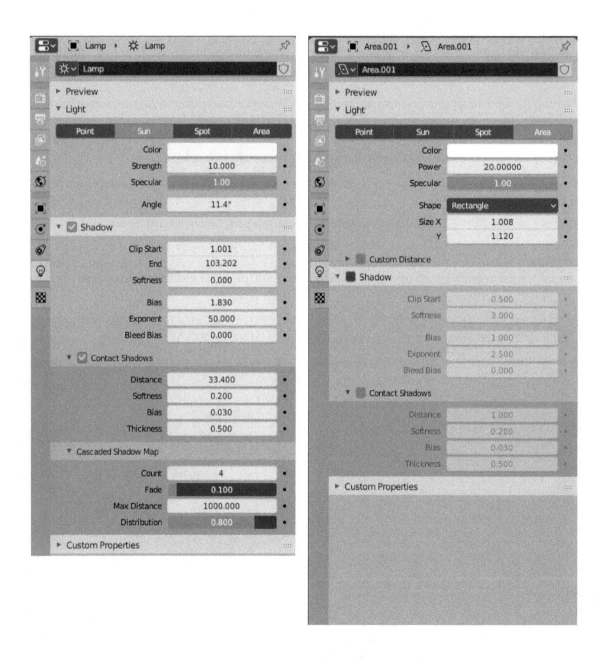

Figura 4.6 - *Ajustes das luzes*

Ao acionar o render no Eevee você vai ter como resultado uma iluminação semelhante ao que mostra a Figura 4.5. Observe que a iluminação ainda precisa de melhorias relacionadas com a intensidade.

O ambiente está relativamente escuro e precisa ainda de melhorias, mas já mostra bons resultados na distribuição de luz. O mesmo pode ser aplicado em projetos com estrutura semelhante.

4.2.2 Usando um mapa de ambiente

Os projetos que precisam de iluminação com Eevee ou Cycles no Blender podem fazer uso de um recurso poderoso para aumentar o nível de iluminação da cena e gerar reflexos em superfícies. Esse recurso consiste em aproveitar o ambiente ao redor do modelo 3D para emitir luz.

Isso é feito na **aba World** da janela de propriedades em que você encontra um campo chamado de Surface (Figura 4.7).

Figura 4.7 - Opções do Surface

Se você começar um projeto novo no Blender é bem provável que o campo esteja sem nenhuma opção aparente e seja preciso habilitar o **botão "Use Nodes"** para que apareçam os ajustes.

Existem três opções principais para o Surface:

– **Surface**: Tipo de textura usada para o fundo. Com a opção *Background* você terá uma cor simples para o fundo.

– **Color**: Escolha a cor desejada para usar no plano de fundo.

– **Strength**: Intensidade da iluminação

Se aplicarmos um fundo branco na cena e adicionar o modelo no projeto apresentado no tópico 4.2.1 de iluminação, você vai perceber que teremos um ganho considerável na iluminação geral (Figura 4.8).

Figura 4.8 - *Fundo branco com luz*

Essa é apenas uma das opções que temos disponíveis para adicionar energia luminosa na cena. Você ainda pode usar diversas opções para mais realismo.

4.2.2.1 Usando mapas HDR

Entre as opções que podem literalmente fazer a diferença em projetos renderizados com o Cycles e Eevee estão os mapas de ambiente. O que é um mapa de ambiente? É um tipo especial de textura que pode ser aplicada no plano de fundo do cenário no Blender.

As texturas geralmente usam um formato especial chamado HDR (*High Dynamic Range*) que consegue armazenar informações de cor e luminosidade (Figura 4.9).

Figura 4.9 - *Mapa HDR*

Ao aplicar esse tipo de imagem no plano de fundo você terá um efeito semelhante à posicionar seu projeto diretamente nesse ambiente no mundo real. Hoje existem diversos websites que permitem o download dessas texturas de maneira gratuita, sendo um dos melhores do **HDRaven** (www.hdraven.com).

Ao acessar o site você pode escolher entre diversos mapas HDR com diferentes resoluções que vão de 1000 até 16.000 pixels. Para a maioria dos projetos algo em torno de 2 ou 4 mil já é mais do que suficiente.

Atenção: Escolha com cuidado o mapa HDR para seu projeto, pois o mesmo pode gerar sombras de maneira bem diferente. Observe no preview de cada mapa a maneira e direção com que cada sombra é gerada.

Isso é importante para otimizar o tamanho da cena. Por exemplo, ao escolher um mapa com 16.000 pixels, você vai precisar armazenar isso na memória da sua placa de vídeo. Quanto maior for o mapa HDR, menos espaço você terá para processar outras texturas no projeto.

Como adicionar um mapa HDR como fundo de um cenário no Blender? No campo Color, você encontra no canto direito um pequeno botão circular. Ao clicar nesse botão você abre um painel que permite associar texturas na cor (Figura 4.10).

Escolha a opção **Environment Texture**.

Figura 4.10 - Environment texture

Uma série de novos ajustes aparecem no painel assim que você adiciona essa opção no projeto.

Atenção: Pode ser que sua cena adquira uma cor magenta, o que é perfeitamente normal. É o código visual do Blender para informar a ausência de uma textura.

Entre as **opções do Environment Texture**, você encontra um botão **Open** que permite escolher o arquivo com a textura HDR. Caso você já tenha aberto uma dessas texturas anteriormente, é possível usar o botão da esquerda para escolher um arquivo já carregado.

Depois de adicionar um mapa HDR na cena, veja o resultado na Figura 4.11.

Figura 4.11 - *Cena com mapa HDR*

Utilize o *Strength* para controlar a intensidade da iluminação gerada.

O maior benefício desse tipo de iluminação no Eevee é com a presença de materiais que tem superfícies reflexivas. Pois a textura do fundo será refletida neles. Outra vantagem é que você terá efeitos de iluminação indireta na cena com base em múltiplas cores, e não mais apenas um fundo branco.

4.3 Ajustes e efeitos

A renderização com o Eevee ou Cycles no Blender exige que você realize ajustes e configurações em diversos painéis para chegar em resultados realistas. Ao usar apenas as luzes padrão do Blender em conjunto com mapas de ambiente no Eevee não é suficiente para que o resultado da renderização seja realista

É um bom começo, mas apenas com a adição de ajustes e efeitos na aba Render Engine é que teremos bons imagens realmente realistas (Figura 4.12). Nessa aba existem controles para ajudar na qualidade de sombras, adicionar efeito de brilho e diversos outros ajustes.

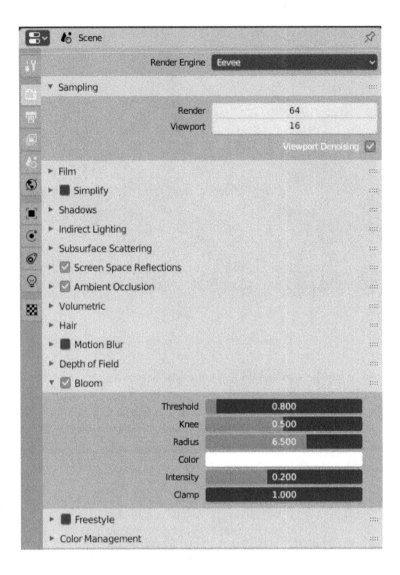

Figura 4.12 - *Aba Render Engine*

Os controles disponíveis nessa aba **Render Engine** são específicos para o renderizador escolhido. Isso significa que ao trocar entre o Cycles e Eevee, os ajustes mudam completamente. Por exemplo, ambas as engines possuem controles para determinar a quantidade de ruído nas imagens renderizadas com o campo **Sampling** (Figura 4.13).

Figura 4.13 - *Sampling no Eevee*

No Cycles esses ajustes são semelhantes e determinam a quantidade de processamento que cada image precisa no render. Mas, o que é esse Sampling? Se você observar com cuidado os renders feitos com o Eevee será possível perceber que existe um pequeno nível de granulação em alguns pontos da imagem (Figura 4.14).

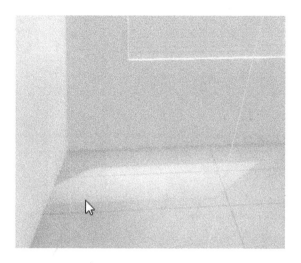

Figura 4.14 - *Nível de granulação*

Com os ajustes de **Sampling** você pode determinar um tempo maior de processamento. Quando maior o valor, menor será a quantidade de granulação e maior será o tempo de render. Observe que existem controles para a Viewport e para o Render.

No Cycles isso pode significar algumas horas a mais de render por imagens. Para o Eevee são apenas alguns segundos extras na maioria das vezes.

4.3.1 Sombras

O primeiro controle que você pode querer ajustar está relacionado com as sombras. No Eevee as sombras possuem uma resolução que determina a qualidade das suas bordas. Se você quiser uma aparência melhor para as sombras com bordas mais definidas, é preciso aumentar essa resolução.

Para fazer esse ajuste existe o campo **Shadows** que possui as opções para resolução das sombras. O padrão do Eevee é sempre começar com:

– **Sombra 1**: 1024px

– **Sombra 2**: 512px

Caso você mude os ajustes das sombras para algo como 2048px e 1024px respectivamente, o resultado visual das sombras será muito melhor (Figura 4.15).

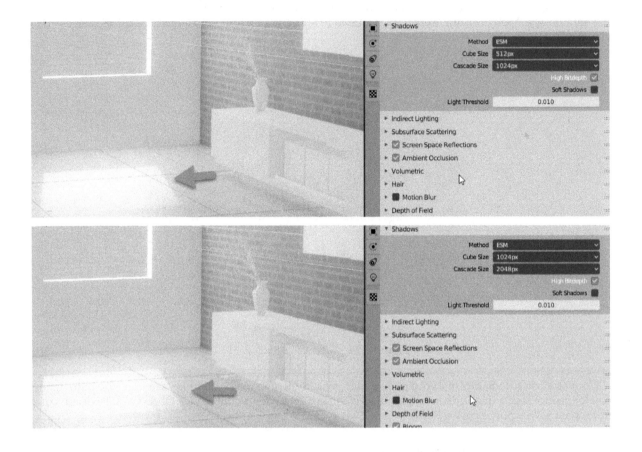

Figura 4.15 - *Controle de sombras*

Por qual motivo o Eevee não começa com as sombras sempre no máximo de qualidade? Assim como tudo em computação gráfica, usar a qualidade máxima tem um preço que é pago em performance. As sombras melhores podem adicionar alguns segundos de processamento nas suas imagens.

4.3.2 Sombras de contato

Um efeito sutil para o render que pode fazer muita diferença no realismo de projetos são as chamadas sombras de contato. Quando objetos ou superfícies estão próximas umas das outras é gerado o efeito.

Com o Eevee é possível simular esse tipo de sombra com o **Ambient Occlusion** (Figura 4.16).

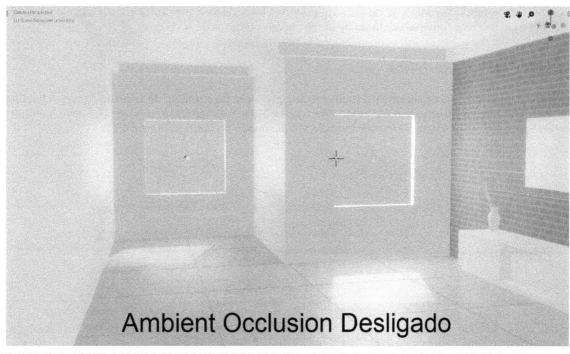

Ambient Occlusion Desligado

Ambient Occlusion Ligado

Figura 4.16 - *Ambient Occlusion*

O efeito da sombra de contato pode ser sutil em diversas situações, mas ao usar esse recurso no render você tem uma imagem com mais chances de atingir níveis elevados de realismo.

4.3.3 Reflexões e "raytracing"

Quando usamos materiais e superfícies no Eevee que possuem algum nível de reflexão é preciso habilitar esse efeito no render, caso contrário o efeito não será exibido. Nos ajustes de render você deve habilitar o **Screen Space Relections** para ter esse tipo de efeito adicionado no Render (Figura 4.17).

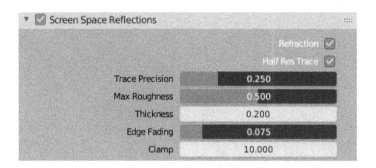

Figura 4.17 - Screen Space Relections

Ao acionar esse efeito você terá um resultado visual melhor quando forem usados materiais que tenham algum efeito reflexivo.

4.3.4 Efeito de brilho no render

Na fotografia existe um efeito gerado por superfícies que recebem iluminação direta que é a dispersão de luz. Isso acaba criando um "borrão" visual na luz. Esse mesmo efeito pode ser simulado no Eevee com o chamado **Bloom** (Figura 4.18).

Figura 4.18 - Bloom

Basta acionar o efeito para começar a ver essa difusão na luz nos seus renders em tempo-real.

4.3.5 Controle de exposição e gamma

Além de todos esses controles e ajustes para renderização é possível ter um nível extra de ajustes relacionados com a iluminação. Esses ajustes simulam o que acontece em um sensor de fotografia. Se você teve experiências prévias em fotografia já lidou com controles de exposição.

A exposição pode aumentar ou reduzir a quantidade de luz recebida pelo sensor e gerar imagens claras ou escuras. No Eevee é possível ter exatamente o mesmo nível de controle com o **Exposure** (Figura 4.19) no campo **Color Management**.

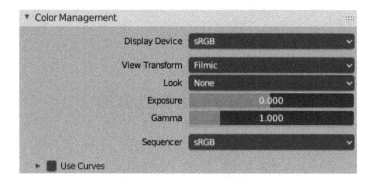

Figura 4.19 - *Controles de exposição*

Quando você aumenta a exposição no Eevee as imagens são geradas com mais iluminação captada pela câmera. O resultado é um projeto com níveis maiores de luminosidade.

Para cenas que estão demasiadamente escuras, você pode usar a exposição para elevar a quantidade de luz captada pela câmera do Blender. Em conjunto com a exposição, use o **Gamma** para intensificar os controles de contraste do render.

4.4 Posicionando a câmera

Antes de começar a renderizar qualquer tipo de imagem com o Eevee é preciso abordar um conceito fundamental do Blender. Você só consegue renderizar o que a câmera ativa está vendo. Apesar de você já conseguir ver uma imagem renderizadas na sua Viewport com o Eevee, em algum momento será preciso gerar imagens dos modelos 3D ou projetos em que você está trabalhando.

Essas imagens são geradas apenas com base no que a câmera ativa está observando. Podem existir múltiplas câmeras em um projeto, mas apenas uma delas será a ativa. Para identificar essa câmera ativa, basta observar no ícone da câmera o triangulo na parte superior, que vai estar preenchido para a câmera ativa (Figura 4.20).

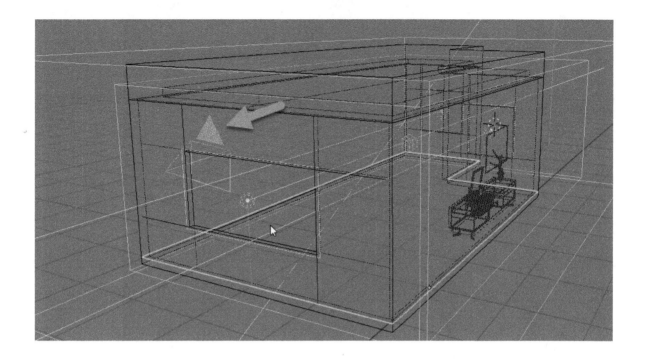

Figura 4.20 - *Câmera ativa*

Como alterar a visão para a câmera ativa? Use a **tecla 0 do teclado numérico**, ou então o menu **View** → **Cameras** → **Active Camera**.

Para transformar uma câmera em ativa, você pode selecionar o objeto e pressionar a **tecla CTRL+0**. Isso fará a câmera selecionada se tornar ativa.

4.4.1 Ajustando o enquadramento da câmera

Você provavelmente vai querer selecionar a posicionar a câmera ativa do Blender para observar seu proje-to de um ângulo que mostre detalhes ou partes de interesse para o render. O processo de ajuste da câmera envolve selecionar o objeto e usar os controles de transformação com as **teclas G, R e S**.

Mas, existe uma forma mais prática de determinar o enquadramento da câmera, usando apenas os ajus-tes de navegação em 3D:

1. Use o botão do meio no seu mouse para orbitar a cena e encontrar um ângulo de visão ideal.

2. Assim que encontrar esse ângulo, pressione as teclas *CTRL+ALT+0* ao mesmo tempo. Isso fará com que a câmera ativa "pule" para a mesma posição em que você está observando a cena 3D no momento.

3. Selecione a borda da câmera e com a *tecla G* será possível fazer pequenos deslocamentos no enqua-dramento.

4. Caso você queira aproximar ou afastar a câmera, use a *tecla G* e depois a *tecla Z* duas vezes. Isso ativa o deslocamento no eixo Z local da câmera, que sempre é perpendicular ao seu plano. Ao mover o mouse para frente ou para trás, você poderá aproximar ou afastar a câmera.

Esse é o processo mais simples e rápido para controlar o enquadramento das câmeras no Blender, que funciona tanto para o Cycles como Eevee.

4.4.2 Distância focal

Para ter controle sobre um aspecto da câmera que pode ajudar no enquadramento é preciso abrir as suas opções. Quando você seleciona uma câmera na Viewport e abre a aba **Object Data** aparecem as opções da câmera (Figura 4.21).

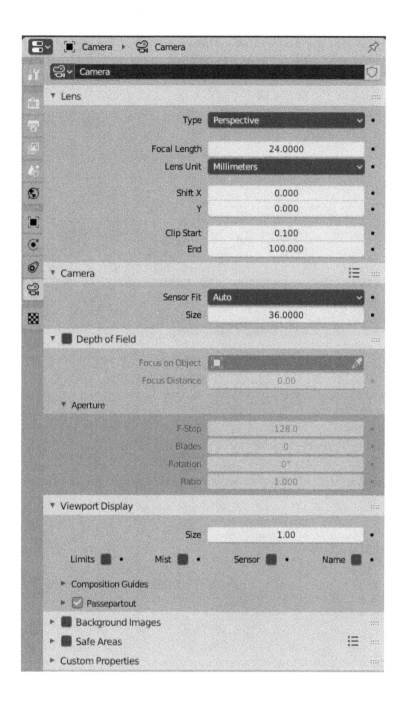

Figura 4.21 - Opções da câmera

Dentro desses ajustes você encontra o **FOV** que controla a distância focal da sua câmera virtual. Esse é outro conceito que deve ser familiar para quem já trabalhou com fotografia. Os valores das distâncias focais são geralmente controlados em milímetros.

Uma distância comum em equipamentos fotográficos é de 55 mm. Para ter ângulos de visão mais abertos é preciso reduzir esse valor. Por exemplo, ao modificar a sua distância focal para 18 mm teremos o modo de câmera chamado de "wide" (Figura 4.22).

Figura 4.22 - Câmera wide

Com essas distâncias focais pequenas você pode ver mais da sua cena, mas corre o risco de ter as linhas das perspectivas deformadas nas materiais da imagem. O caminho inverso gera o que chamamos de tele objetiva para um *zoom* em partes da imagem.

Por exemplo, ao configurar a distância para valores superiores a 100 mm teremos uma aproximação em partes da imagem dentro do enquadramento.

4.5 Render de imagens

Com a câmera no enquadramento desejado é possível começar a renderizar os projetos. O processo de renderização é simples de ser acionado e existe um atalho para que você pode começar de maneira rápida. Ao pressionar a *tecla F12* você inicia a renderização de uma cena.

No Eevee esse processo é geralmente rápido e exige na maioria das vezes apenas alguns segundos de processamento. Outra opção para iniciar o render é usar o **menu Render → Render**.

Você pode escolher detalhes como a resolução da imagem gerada na aba Output da janela de propriedades (Figura 4.23).

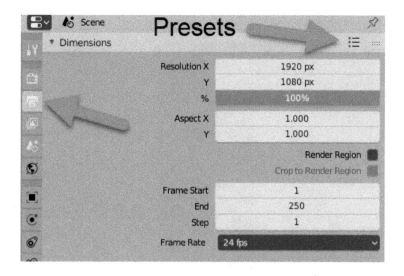

Figura 4.23 - *Opções de resolução*

O Blender ainda apresenta no campo **Presets** algumas opções com resoluções padrão para diversos sistemas para que você possa escolher de maneira rápida a resolução desejada.

4.5.1 Salvando imagens estáticas

Depois de pressionar a **tecla F12** ou então o **menu Render**, será exibida outra janela do Blender com o resultado da sua imagem. É a janela de render que permite visualizar e editar aspectos da sua imagem (Figura 4.24).

Figura 4.24 - *Janela do Render*

As imagens no Blender aparecem nessa janela, mas não são salvas de maneira automática. É necessário que você faça uma configuração prévia para conseguir salvar as imagens.

Para salvar essas imagens você vai usar o menu **Image → Save Image As...** para gravar esse render como um arquivo de imagem (Figura 4.25).

Figura 4.25 - Salvando renders

4.5.2 Formatos de saída no render

Para imagens estáticas é possível escolher entre diversas opções para formatos de saída no campo **Output** da janela de propriedades. Use o seletor para escolher um tipo de imagem que será usado para seus renders (Figura 4.26).

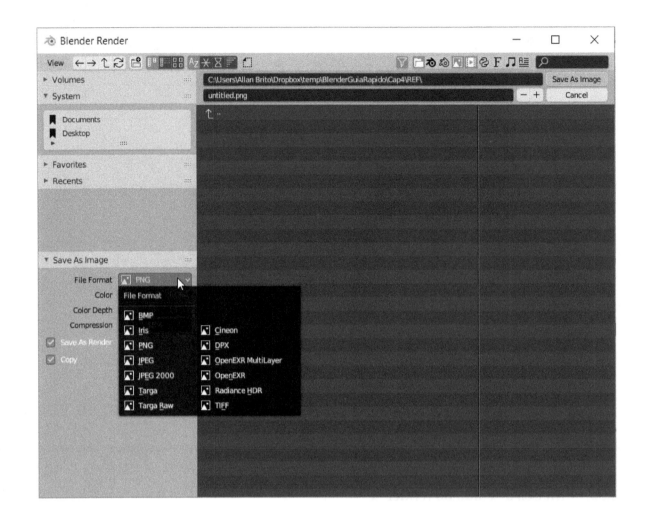

Figura 4.26 - *Formatos de saída*

Para manter seus renders sempre com máximo de qualidade, é recomendado salvar as imagens estáticas no formato PNG. Como esse formato usa compressão de dados sem perdas, é possível manter o render original como PNG e gerar arquivos JPG para envio pela web com maior compressão.

Se você quiser criar arquivos PNG com fundo transparente é preciso usar o modo *RGBA* como cor e escolher no campo Film do render a opção **Transparent** ao invés do **Sky**.

Capítulo 5 - Materiais e texturas

O que seria de qualquer projeto que tenha como objetivo gerar imagens realistas com base em objetos tri-dimensionais sem materiais ou texturas? No Blender é possível usar diversos tipos de controles para materiais que podem ser usados no Eevee ou Cycles.

Com base nesses materiais é possível gerar as mais diferentes superfícies e atribuir contexto visual nos seus projetos com o Blender. Ao longo do próximo capítulo você aprende a criar, editar e manipular materiais com o Blender.

5.1 Criando materiais

A primeira coisa a fazer quando você precisa lidar com materiais no Blender é abrir a aba especializada nessa tarefa, que é chamada de **Material**. Os materiais no Blender estão conectados aos objetos, então é preciso selecionar algum polígono para visualizar seu material.

Caso você não tenha nenhum material, será preciso criar um novo no **botão New**. Depois de criar o material no editor de propriedades, algumas opções para gerenciar cada material aparecem(Figura 5.1).

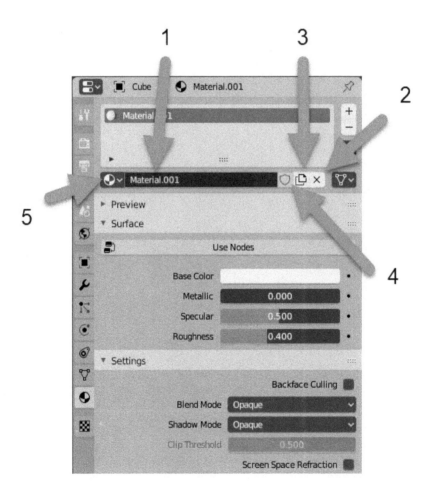

Figura 5.1 - Opções dos materiais

Aqui está uma descrição do que faz cada um dos campos:

1. Nome do material (Clique para alterar o nome)

2. Remove material do objeto (Caso nenhum outro objeto esteja usando o material ele será excluído)

3. Cria cópia do material

4. Salva o material mesmo sem ter objetos associados

5. Seletor que exibe outros materiais já existentes no Blender

Você pode ter um material simples como o exibido na Figure 5.1 em que as opções básicas estão disponíveis como:

- **Base color**: Cor base do material

- **Metallic**: Nível de reflexão

- **Specular**: Reflexão baseado no ângulo de visão

- **Roughness**: Rugosidade

É possível fazer uso de opções mais avançadas dos materiais no **Shader Editor**. Para conseguir usar o **Shader Editor** você deve habilitar o **Use Nodes** logo na parte superior das opções dos materiais. Ao fazer isso vai aparecer um shader chamado de **Principled BSDF** (Figura 5.2).

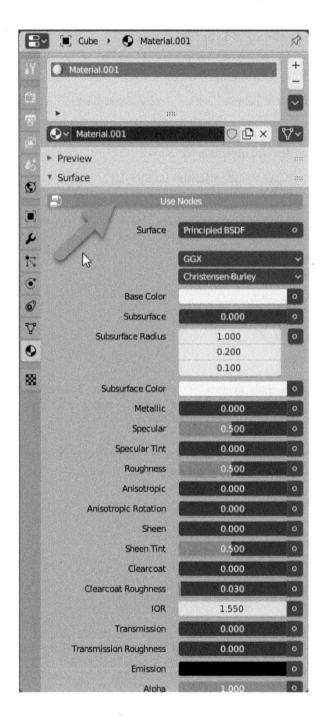

Figura 5.2 - Principled BSDF

Mas, o que é um shader? É a parte do software 3D que foi criado especificamente para descrever a maneira com que a luz interage com as superfícies no render.

Esse shader Principled BSDF, permite trabalhar com os chamados materiais PBR (*Phisically Based Render*) que são muito mais realistas que as opções mais simples do Blender. Até pela quantidade de opções é possível perceber a sua versatilidade.

Como ele é uma plataforma completa, você pode literalmente usar apenas o **Principled BSDF** para todos os seus materiais.

Mas, para conseguir aproveitar ao máximo seus recursos é necessário partir para o **Shader Editor**.

5.2 Usando o Shader Editor

A janela **Shader Editor** é a ideal para fazer a edição e configuração de materiais no Blender, pois é lá que você consegue aproveitar todos os recursos que o Blender possui para ajustar materiais.

Como abrir o **Shader Editor**? Você pode usar qualquer seletor de janelas para substituir um editor existente como a **Timeline**. Caso prefira usar uma organização de interface especializada em materiais, é possível adicionar um WorkSpace dedicado chamado de **Shading**. Use o botão para adicionar novos WorkSpaces e na aba **General** escolha a opção **Shading** (Figura 5.3).

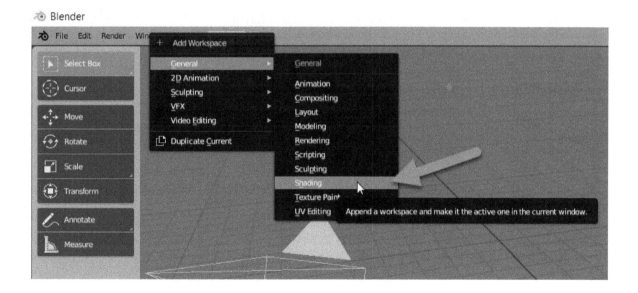

Figura 5.3 - WorkSpace Shading

A vantagem em usar esse tipo de organização é que o Blender já mostra na parte inferior o **Shader Editor** em conjunto com uma **Viewport** preparada para exibir um preview do seu material. Veja que existem dois **MatCaps** ligados na interface para ajudar na visualização do material.

Dica: Os MatCaps são como projeções realistas usando mapas HDR que ajudam na pré-visualização dos efeitos gerados pelos materiais.

O **Shader Editor** é a janela que está na parte inferior da Figura 5.3 e você pode identificar uma caixa retangular grande com o nome **Principled BSDF**. Essa caixa é chamada no Blender de **Node**. Com o **Shader Editor** você deve configurar os **Nodes** de maneira semelhante a um fluxograma.

Observe que o shader está conectado a outra caixa chamada de *Material Output*. Esse é o **Node** que concentra todas as informações relacionadas com a aparência dos materiais. Todos os **Nodes** devem ser conectados nele.

Algumas características importantes sobre os **Nodes**:

1. Todos os **Nodes** possuem conectores de entrada na esquerda, e de saída na direita. Alguns possuem só a entrada ou saída. É o caso do Material Output que só tem a entrada.

2. Você deve usar os códigos de cores para fazer a ligação entre os conectores. Os círculos amarelos geralmente são informação de cor, os cinzas representam valores numéricos, os verdes um shader e com os azuis informações sobre a estrutura do modelo 3D.

3. Você pode cortar as conexões existentes no Shader Editor usando a tecla **CTRL+Botão esquerdo do mouse**. O cursor se transforma em uma faca e será possível cortar as linhas de conexão.

4. Se você abrir o **Shader Editor** e não visualizar os Nodes, use a opção **Use Nodes** que fica no cabeçalho dessa janela.

5. As ferramentas e atalhos de seleção funcionam da mesma forma no **Shader Editor** para manipular **Nodes**. Assim como as opções de navegação, menos as relacionadas com 3D.

5.3 Materiais PBR com Eevee

A melhor maneira de mostrar como o **Shader Editor** funciona é com a criação de um material usando recursos de realismo. Esses materiais são chamados de PBR por usarem diversos mapas de texturas associados.

É possível conseguir diversos desses materiais de maneira gratuita em websites como cc0textures.com e vamos usar uma das texturas da biblioteca deles que é gratuita.

Podemos usar uma textura chamada de *Bricks #12* (https://cc0textures.com/view.php?tex=Bricks12) no site que oferece opções de download em 2K, 4K e 8K (Figura 5.4).

Figura 5.4 - Textura Bricks

Quando você fizer o download dessa textura, vai perceber que dentro do arquivo ZIP estão presentes diversas imagens com texturas. As imagens são identificadas com um sufixo que mostram o seu uso dentro de um material:

– **AO**: Ambient Occlusion

– **COL**: Color

- **DISP**: Displacement

- **RGH**: Roughness

- **NRM**: Normal

Como fazer para usar textura e gerar materiais PBR no Blender?

O primeiro passo é adicionar um Node que pode receber esses arquivos de texturas. Usando a **tecla SHIFT+A** ou o **menu Add**, escolha a opção **Texture → Image Texture** para adicionar um Node que pode receber essas texturas (Figura 5.5).

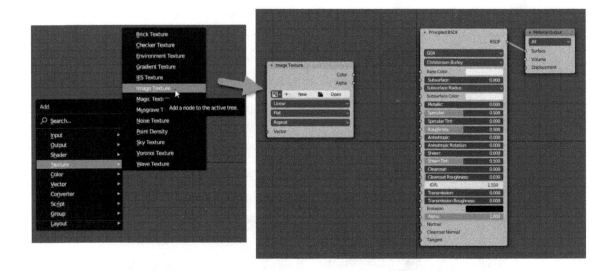

Figura 5.5 - Image Texture

Para esse material em particular são necessários quatro desses Nodes, pois existem dois mapas de texturas que fazem funções semelhantes. Entre o NRM e o DISP, podemos escolher apenas um deles para gerar um efeito de relevo no material.

Selecione o **Node** da textura e depois:

1. Use a **tecla SHIFT+D** para duplicar o **Node** três vezes.

2. Clique no **botão Open** para abrir um arquivo de textura em cada **Node**. Abra todos menos o marcado como "disp".

3. Conecte o **Node** com a textura do tipo RGH na entrada do **Roughness**. Altere o campo **Color Space** para **Non-Color**. Isso ajusta o uso desse mapa de textura (Figura 5.6).

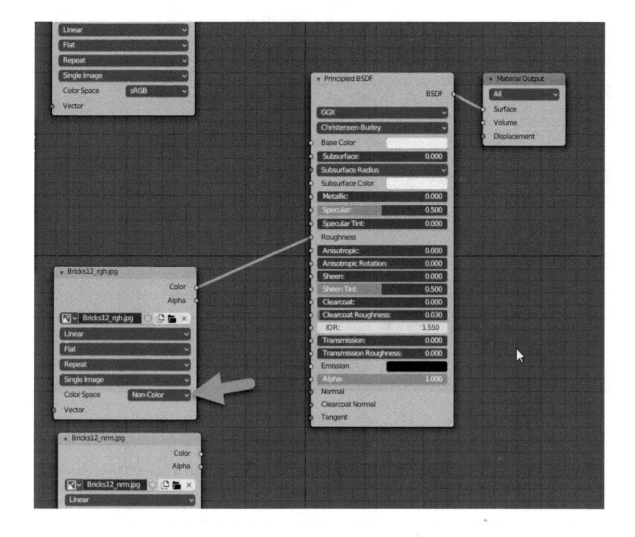

Figura 5.6 - *Conectando o primeiro Node*

Observe na Figura 5.6 que não usamos o padrão de cores para fazer a ligação dos **Nodes**. Uma saída amarela foi conectada em uma entrada cinza. Isso foi compensado pelo uso do parâmetro **Non-Color**.

O próximo passo é preparar a conexão dos outros Nodes. Como temos um mapa do tipo AO é necessário fazer uma mistura das cores para ter o efeito desejado.

Esses são os passos necessários:

1. Usando a **tecla SHIFT+A** novamente adicione um **Node** do tipo **MixRGB**. No campo **Color** escolha essa opção e altere o tipo da mistura para *Multiply*.

2. Conecte os mapas to tipo AO e COL no **MixRGB**.

3. Faça a ligação entre o **MixRGB** com o **Base Color** do **Principled BSDF** (Figura 5.7).

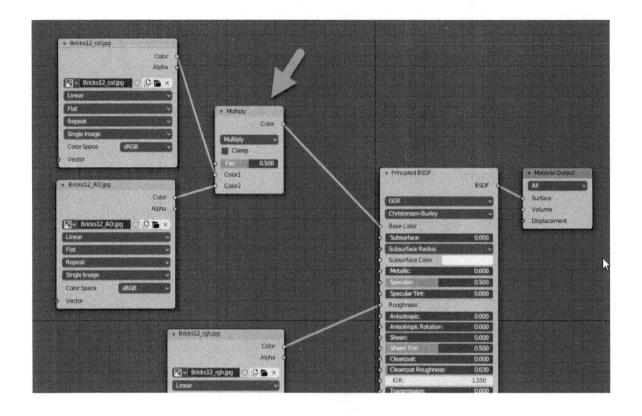

Figura 5.7 - Configurando um mapa AO

Quando você tiver materiais sem a existência do mapa AO, é possível fazer a ligação direta entre a textura com a cor para o **Base Color**.

O último passo é configurar o mapa NRM que identifica as normais do material:

1. Altere no **Node** desse mapa a informação de cor para **Non-Color**.

2. Usando a **tecla SHIFT+A** use o campo **Vector** e adicione um **Normal Map**.

3. Faça a ligação entre o node da textura com o **Normal Map (Color)**, depois conecte o **Normal Map** com a entrada do Normal no **Principled BSDF** (Figura 5.8).

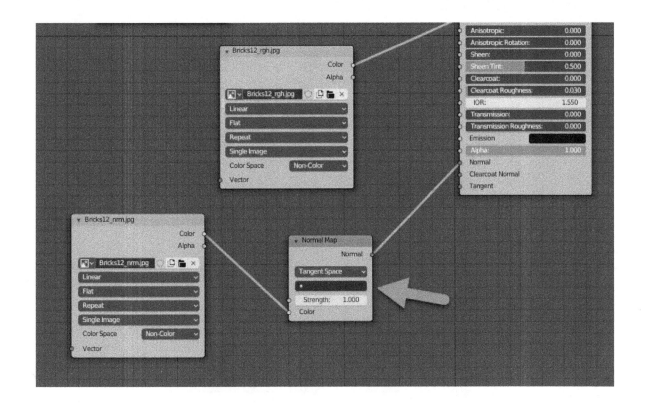

Figura 5.8 - *Configurando o Normal Map*

Esse é o procedimento padrão em todos os materiais do tipo PBR. Ao visualizar o preview do seu objeto que possui o material, você deve observar que o mesmo já apresenta a superfície dos tijolos que compõem esse material (Figura 5.9).

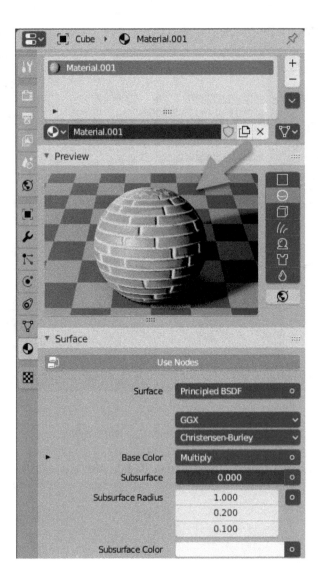

Figura 5.9 - *Material de tijolos*

É sempre bom lembrar que você deve estar com a sua Viewport no modo de renderização para ver o material aplicado.

5.4 Mapeamento de texturas

Depois de configurar um material como o que acabamos de criar usando múltiplos mapas de texturas, você provavelmente deve querer controlar o tamanho e escala dessas imagens. É possível fazer os tijolos maiores ou menores? Sim, o Blender possui alguns **Nodes** que ajudam no controle do tamanho das texturas.

Para conseguir controlar o tamanho e mapeamento das texturas, você precisa adicionar mais dois Nodes no seu projeto com a **tecla SHIFT+A**:

1. Input → Texture Coordinate

2. Vector → Mapping

O primeiro Node é um ponto de início, pois só apresenta conexões de saída. Faça a ligação dele pela opção **Generated** com a entrada do **Mapping**. Depois ligue a saída do Mapping com cada um dos **Nodes** de texturas (Figura 5.10).

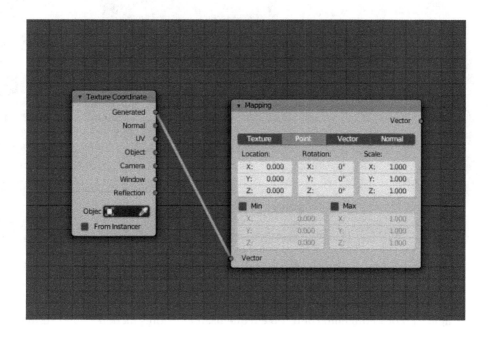

Figura 5.10 - *Nodes de mapeamento*

Dentro do **Mapping** você pode observar que existem algumas opções para fazer transformação de texturas como:

– Location

– Rotation

– Scale

Ao usar as opções do Scale podemos controlar o tamanho das texturas. Por exemplo, ao modificar o tamanho nos três eixos de 1 para 4 você terá texturas menores. O motivo da diminuição é que o Blender está usando quatro imagens da textura no mesmo espaço em que antes havia só uma imagem.

Além do ajuste na escala, podemos também mudar o campo marcado como "Flat" em todos os Nodes relacionados com texturas para "Box" (Figura 5.11). Isso faz com que a imagem seja mapeada nos três eixos e não apenas em um plano.

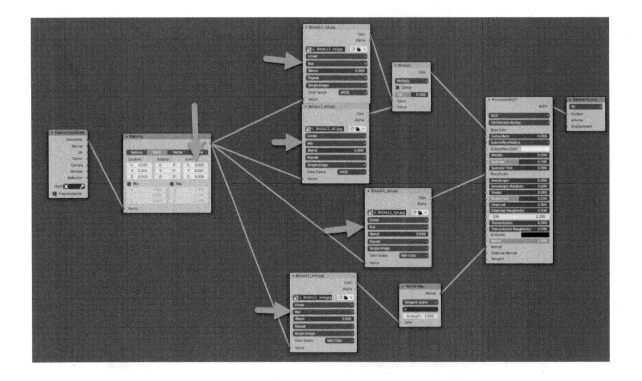

Figura 5.11 - *Texturas menores*

O mesmo se aplica no procedimento contrário em que usando valores menores que 1 resultam em imagens maiores.

5.5 Duplicando materiais

Como processo de configuração dos materiais no Eevee ou Cycles pode demorar um tempo considerável, é bem provável que você queira criar diversos modelos prontos que podem ser reaproveitados.

Para conseguir esse tipo de facilidade é necessário fazer cópias de materiais existentes. A cópia de materiais é relativamente simples de ser executada. Você precisa apenas usar o botão próprio para cópias localizado no lado direito do nome (Figura 5.12).

Figura 5.12 - Cópia de materiais

Quando você aciona a cópia de um material existente o Blender vai adicionar outro material usando o mesmo nome já existente. Por exemplo, ao fazer a cópia de um material chamado de "tijolos" o Blender cria outro chamado de "tijolos.001" que terá todas as configurações do original.

Os nomes dentro do editor de materiais precisam ser únicos e o Blender sempre vai adicionar o sufixo "001" ou outros valores sequências para as cópias.

Independente do nome atribuído ao novo material, você agora possui uma cópia pronta para ser alterada. Apenas lembre de alguns pontos em relação aos materiais:

– Materiais não utilizados são excluídos pelo Blender assim que você fecha o software.

– Ao lado do nome dos materiais o Blender exibe um número que mostra a quantidade de objetos 3D usando aquela informação. Caso não exista número, apenas um objeto faz uso do material.

– Você pode identificar materiais não utilizados na lista de materiais existentes. Observe o item 5 da *Figura 5.1*.

– Se você quiser proteger materiais de uma eventual exclusão, habilite a "proteção" para esse material. Use o botão indicado no item 4 da *Figura 5.1*.

Essa é a melhor maneira de fazer cópias para reutilização de materiais dentro do mesmo projeto no Blender.

5.5.1 Reutilizando materiais de outros arquivos

Outra situação em que você vai querer aproveitar materiais é na criação de novos arquivos no Blender. Nesse tipo de situação é preciso encontrar uma forma de "importar" materiais de outros projetos, para evitar a tarefa tediosa de configurar tudo novamente.

O Blender possui dois métodos para fazer trazer informações de arquivos externos no *menu File*:

– File → Append

– File → Link

Com o **Append** você consegue incorporar diretamente recursos de arquivos externos. Por exemplo, ao acionar o Append você precisa escolher um arquivo já existente do Blender no seu computador. Ao escolher o arquivo, será exibida uma lista com diversas "pastas" dentro desse arquivo (Figura 5.13).

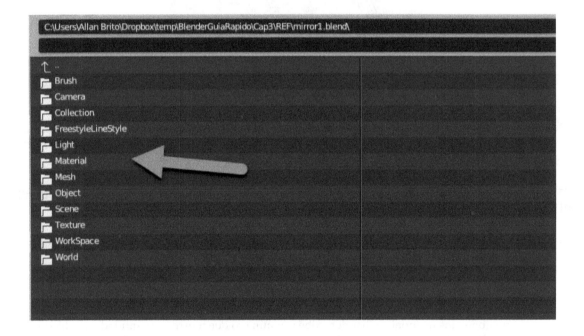

Figura 5.13 - Lista de pastas

Dentro dessa lista existe uma opção chamada "Materials" em que ficam listados todos os materiais disponíveis para esse arquivo. Ao selecionar um ou mais desses materiais, você poderá trazer uma cópia deles para seu arquivo atual.

É uma forma excelente de reaproveitar materiais já existentes em outros projetos.

O procedimento realizado com a opção **Link** é semelhante ao **Append** com uma grande diferença. Ao invés de realizar uma cópia do material para o seu arquivo, o **Link** faz a leitura da informação direto do seu arquivo externo.

O material aparece como disponível na sua lista mas ele não é editável. Isso se deve ao fato de que você está fazendo um link direto para a informação no arquivo externo e não fazendo uma cópia para seu projeto.

Qualquer alteração no material deve ser realizada no arquivo original.

5.6 Múltiplos materiais por objeto

Algo muito comum em projetos relacionados com design ou jogos digitais é o uso de múltiplos materiais no mesmo objeto 3D. Isso é possível no Blender com o uso dos índices de materiais. Os índices de materiais estão na parte superior do painel dos materiais (Figura 5.14).

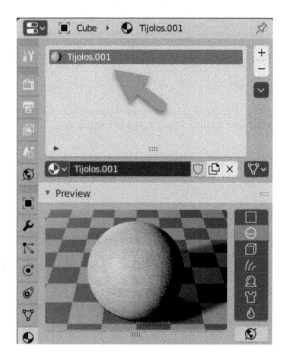

Figura 5.14 - Índices de materiais

Cada objeto 3D possui a sua própria lista de índices e você pode adicionar quantos mais forem necessários. Por exemplo, para aplicar dois materiais no mesmo objeto podemos usar um exemplo simples.

O objetivo é fazer com que um cubo tenha uma material aplicado em todas as suas faces, menos uma que deve exibir outro material.

Você deve aplicar um material simples com qualquer cor ou textura no objeto, e depois com o mesmo objeto selecionado adicionar mais um canal nos índices de materiais. Basta usar o botão com um "+" ao lado do nome dos índices (Figura 5.15).

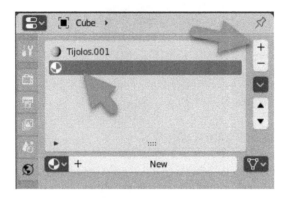

Figura 5.15 - *Novo índice*

Assim que o novo índice é criado as opções dos materiais ficam todas em branco. Nesse momento, é preciso criar um novo material ou escolher outro existente. Podemos criar um novo material usando o **botão New**.

Escolha uma cor ou textura bem diferente para esse novo material. O novo índice com outro material já existe, mas nenhuma face do cubo está usando essa nova informação.

Com o cubo ainda selecionado você deve entrar no modo de edição. Nesse modo, aparecem algumas opções extras na parte superior do seu editor de materiais. Para ser mais preciso, três novos botões:

– **Assign**: Atribui o índice às faces selecionadas do objeto

– **Select**: Seleciona todas as faces dos objetos que possuem o índice marcado

– **Deselect**: Remove todas as faces da seleção que possuem o índice marcado

Selecione apenas uma face do seu cubo e com o novo índice selecionado, pressione o **botão Assign**. Isso vai atribuir o material a face selecionada (Figura 5.16).

Figura 5.16 - *Face com material diferente*

Dessa forma você consegue criar objetos com múltiplos materiais.

Capítulo 6 - Animação 3D por interpolação

A animação é um dos principais recursos oferecidos pelo Blender para quem procura liberdade criativa voltada para produção de vídeo. Você pode trabalhar com a criação de animação usando objetos geométricos como textos, formas abstratas ou então personagens.

Com o Blender é possível produzir diversos tipos de conteúdo voltados para vídeo, e nesse próximo capítulo você aprende como funciona o método principal para gerar movimento nele que é a interpolação.

6.1 Animação por interpolação

O que é animação por interpolação? A melhor forma de explicar o que é interpolação é fazendo uma comparação com a definição clássica de animação. Por definição, uma animação é formada pela sequência de vários quadros. Dependendo da velocidade com que esses quadros são apresentados, você acaba tendo a "ilusão" de movimento.

Uma animação tradicional geralmente possui 24 quadros para cada segundo de animação. Essa é a chamada taxa de reprodução da animação, ou *framerate*. Se você decidir produzir animações do modo tradicional, irá precisar gerar 24 imagens ou renderizações para cada segundo.

As animações com 1 minuto de vídeo iriam demandar *60 segundos x 24 quadros = 1440 renders*. Em cada quadro você teria que fazer pequenas alterações manualmente no movimento, para gerar a animação. Criar esse tipo de animação manualmente não é muito prático.

Como a interpolação pode ajudar?

Na interpolação temos o chamado quadro-chave que ajuda na criação de animações. Funciona como mostra a Figura 6.1 em que você tem ao longo do tempo dois quadros-chave em pontos diferentes no tempo.

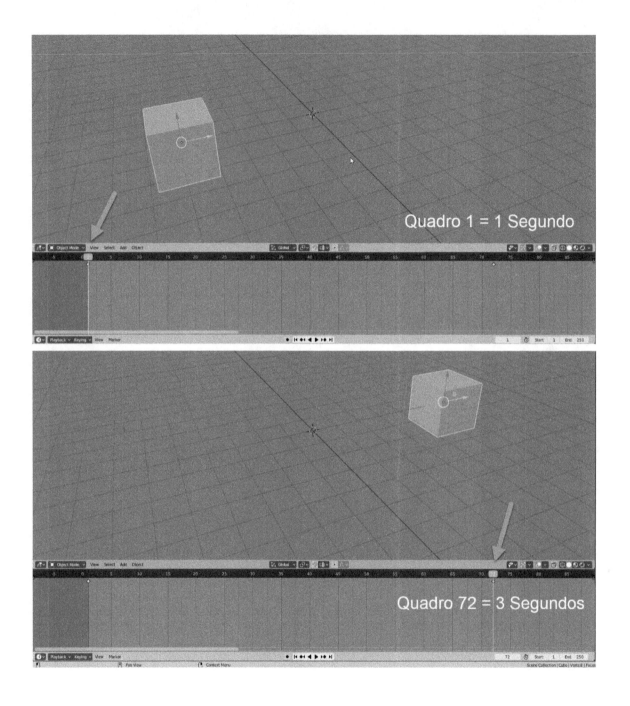

Figura 6.1 - *Linha do tempo em animação*

O primeiro quadro-chave está do lado esquerdo da tela no segundo 0. No próximo quadro que está no segundo 3 você tem o objeto na direita.

Com 3 segundos você tem 72 quadros. A interpolação vai calcular de maneira automática as posições intermediárias entre o primeiro e o segundo quadros-chave. Esse é o conceito básico que será usado em todas as animações no Blender.

Ao configurar quadros-chave diferentes ao longo do tempo, você vai fazer com que o Blender calcule as posições intermediárias. Tudo que você precisa fazer é adicionar os quadros-chave.

6.2 Quadros-chave no Blender

No Blender é possível adicionar quadros-chave ou *keyframes* em praticamente qualquer propriedade ou parâmetro. Tudo pode ser realizado usando a **tecla I** que é o atalho principal para adicionar um quadro-chave.

Para conseguir usar os quadros-chave para configurar uma animação básica, já podemos usar janela *Timeline* para controlar o tempo das animações.

Se você estiver usando o **WorkSpace** padrão do Blender, a timeline aparece na parte inferior da interface (Figura 6.2).

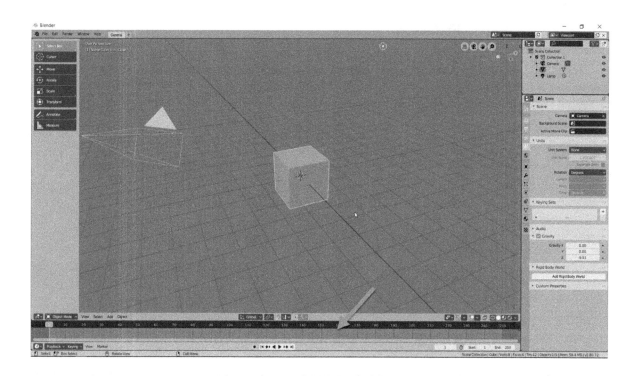

Figura 6.2 - *Timeline*

Ainda sobre a interface, você pode identificar alguns pontos principais da janela pela Figura 6.2:

1. A linha verde marca a posição atual da animação. Clique e mantenha o botão esquerdo do mouse pressionado. Ao mover o mouse você pode avançar e retroceder no tempo da animação. É possível usar as setas do teclado para ter mais precisão ao invés do mouse;

2. Esse é o indicador atual da animação. Você pode digitar um quadro específico ao clicar nesse campo. Por exemplo, ao digitar 50 nesse campo você pula para o quadro 50 depois de confirmar com **ENTER**;

3. É possível ajustar o quadro inicial e final da animação. Por padrão, o Blender sempre começa com os quadros iniciais marcados como 1 e 250;

4. Os controles de reprodução permitem acionar a animação de maneira rápida.

Além desses controles você pode reproduzir uma animação usando a **tecla ESPAÇO** no seu teclado.

6.2.1 Criando uma animação no Blender

Para criar qualquer tipo de animação precisamos de algumas informações básicas:

– Duração

– Ação que deve ocorrer na animação

Por exemplo, se você quiser fazer com que um objeto qualquer se desloque da esquerda para a direita em 3 segundos. Podemos usar a *Timeline* para ajudar. Selecione um objeto qualquer, até mesmo o cubo inicial do Blender e depois:

1. Usando a ferramenta **Move** desloque o objeto até o lado esquerdo da sua tela.

2. Verifique a janela **Timeline** e tenha certeza de que o quadro atual da animação seja igual a 1. Se não for, altere para que seja 1.

3. Com o objeto ainda selecionado, pressione a **tecla I** e escolha a opção **Location**. Isso adiciona um quadro-chave de localização.

4. Na janela **Timeline** altere o quadro atual da animação para 72.

5. Ainda com a ferramenta **Move** você deve deslocar o objeto para o lado direito.

6. Pressione a **tecla I** novamente e insira outro quadro-chave do tipo *Location*.

Se você alterar o quadro atual da animação para 1 e pressionar a **tecla ESPAÇO** ou o botão de play, deve ver o objeto se deslocando da esquerda para direita na sua tela. Você tem a sua primeira animação.

Por que motivo usamos a opção **Location** (Figura 6.3)?

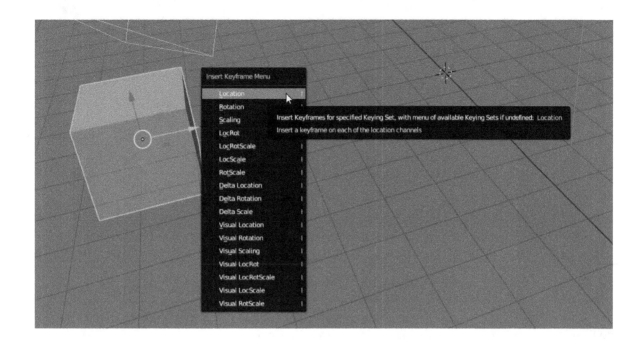

Figura 6.3 - Inserindo quadros-chave

No Blender é necessário escolher o tipo de quadro-chave na *Viewport*. Isso altera apenas aquela proprie-dade dos objetos. Para animações de rotação usamos o **Rotation** e **Scaling** para escala. Para misturar dois tipos, podemos usar as opções:

– **LocRot**: Mover e rotacional

– **LocRotScale**: Mover, rotação e escala

– **RotScale**: Rotação e escala

Caso o Blender ainda esteja usando o quadro final da animação como sendo 250 você vai perceber que a animação será reproduzida até o final, para depois voltar para o começo. Se você quiser evitar isso, basta configurar o **End** na sua **Timeline** como sendo 72.

Você vai perceber que seus quadros-chave são marcados na **Timeline** com um losango (Figura 6.4).

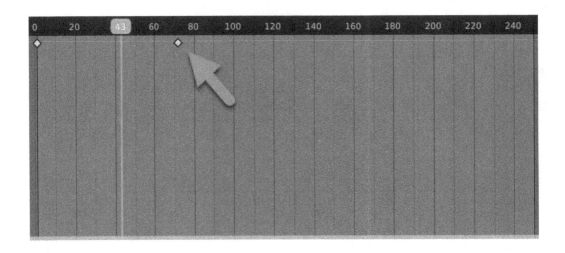

Figura 6.4 - *Marcação dos quadros*

É possível manipular e ajustar os quadros usando a **Timeline**. Basta usar os mesmos atalhos de seleção do Blender para marcar um ou mais quadros-chave e você poderá:

– Com a **tecla G** mover os quadros-chave;

– Com a tecla S aplicar uma escala para redimensionar as distâncias entre os quadros. O ponto pivô da escala é a linha azul do quadro atual;

– Usar a **tecla DEL ou X** para excluir os quadros-chave

O único ponto negativo da janela **Timeline** é que ela só exibe os quadros como uma linha única. Mesmo que você selecione múltiplos objetos com animação, apenas uma linha horizontal de quadros-chave é exibida.

6.3 Adicionando quadros-chave em qualquer parâmetro

Com o Blender é possível configurar quadros-chave em praticamente qualquer parâmetro na interface. Para isso você só precisa posicionar o cursor do mouse sobre a propriedade ou parâmetro e pressionar a **tecla I**, ou então clicar com o botão direito do mouse.

Podemos repetir a criação da mesma animação realizada no tópico 6.2.1, mas ao invés de usar a **Viewport** para os quadros-chave podemos aplicar os mesmos na janela de propriedades na aba **Object** (Figura 6.5).

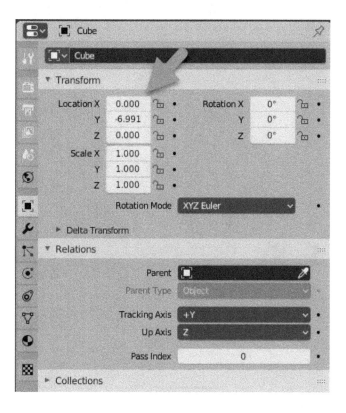

Figura 6.5 - *Aba Object*

No momento em que você for adicionar o primeiro quadro-chave, posicione o mouse sobre o campo que marca o **Location** (Figura 6.6).

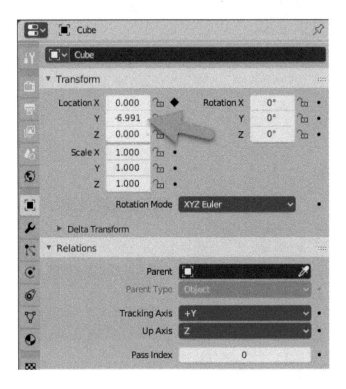

Figura 6.6 - *Location*

Depois pressione a **tecla I**. A cor de fundo dos campos com os valores numéricos fica amarela, para indicar que existe um quadro-chave naquela posição.

Já para o segundo quadro-chave é possível usar outra ferramenta. No momento em que você for adicionar o próximo quadro-chave use o **botão direito do mouse** para exibir uma lista de opções (Figura 6.7).

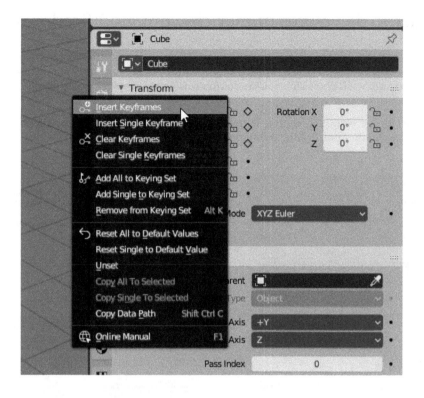

Figura 6.7 - *Menu de quadros-chave*

Escolha a opção **Insert Keyframes** para adicionar quadros-chave da mesma forma que a **tecla I**. Ao acionar os controles de animação você terá exatamente o mesmo movimento.

Nesse painel você tem algumas opções adicionais:

- **Insert Single-Keyframe**: Adiciona apenas um quadro-chave no eixo em que você clicou e não em todos. Por exemplo, apenas no eixo X.

- **Replace Keyframes/Replace Single-Keyframe**: Atualiza a informação do quadro-chave em todos ou apenas um eixo.

- **Delete Keyframes/Delete Single-Keyframe**: Apaga os quadros-chave em todos os eixos ou apenas um deles.

O código visual que marca o fundo das propriedades na cor amarela é universal para o Blender, e sempre que você observar uma propriedade com a coloração amarela, é sinal de que a mesma está com um quadro-chave.

Outro código de cor comum é o verde, que identifica uma propriedade que possui quadros-chave entre as posições nas quais você está naquele momento.

6.3.1 Animação de valores numéricos com modificadores

Um excelente exemplo de como podemos usar os recursos de animação para gerar efeitos únicos é com a manipulação dos modificadores. Por exemplo, o **modificador Array** que é especializado na criação de cópias de objetos, pode gerar diversos efeitos usando quadros-chave nos seus parâmetros.

Para gerar esse tipo de efeitos, podemos começar um projeto novo projeto no Blender e no painel de modificadores, adicione um **modificador Array** no cubo inicial (Figura 6.8).

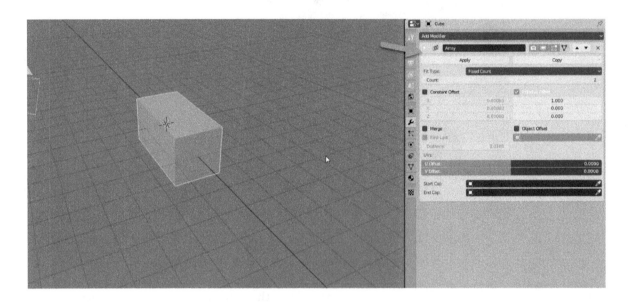

Figura 6.8 - *Modificador Array*

Nas configurações do Array você deve escolher no **campo Count o valor 2** para gerar duas cópias do objeto. Altere o valor do primeiro campo no **Relative Offset** para 1.5 e as cópias dos objetos gerados vão ser espaçados com 50% da largura do cubo (Figura 6.9).

Figura 6.9 - *Configurando o Array*

A base de funcionamento do **Array** é a criação de duplicadas dos objetos. Ao alterar o valor do **Count** para quantidades superiores, você terá múltiplos objetos na sua Viewport. Isso pode ser animado!

Posicione a sua animação no quadro 1 e adicione um quadro-chave no valor do Count. Use o botão direito do mouse ou então o cursor com a **tecla I**.

Depois disso, altere o quadro atual para a posição 90. Modifique o valor do **Count** para 40 e adicione outro quadro-chave (Figura 6.10).

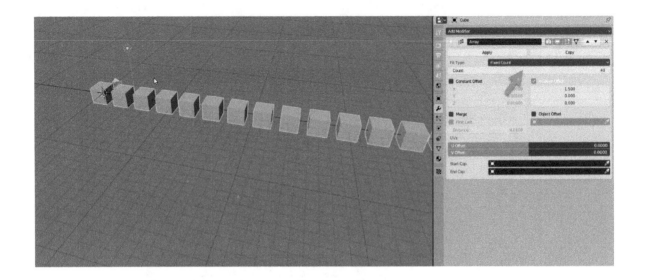

Figura 6.10 - *Array no quadro 90*

Ao acionar o *play* na animação, você vai visualizar uma animação com os objetos se duplicando em linha reta ao longo do tempo.

Para deixar essa animação ainda mais interessante, podemos adicionar um elemento adicional no conjunto. Com a **tecla SHIFT+A**, adicione na cena um objeto do tipo **Empty** (Tipo Plain Axis). Posicione ele próximo ao primeiro cubo.

No Array existe uma opção chamada **Object Offset** que permite controlar a posição das cópias com base no conjunto de posição, rotação e escala de uma referência. Habilite o campo **Object Offset** no **Array** e escolha o **Empty** como sendo a referência.

De imediato você já deve perceber que o espaçamento das cópias mudou. Agora é possível controlar o espaçamento usando a ferramenta mover do Blender e deslocando o Empty (Figura 6.11).

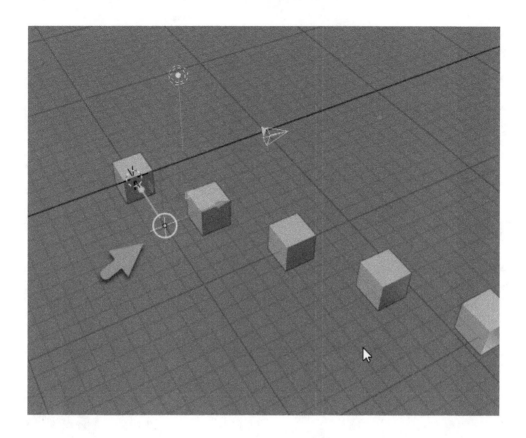

Figura 6.11 - *Posição do Empty*

Para finalizar essa animação e deixar o processo visualmente mais interessante, você pode aplicar uma animação de movimento e rotação no Empty usando a **tecla I** na Viewport. Ao girar o **Empty** no **eixo Z** você poderá fazer com que as cópias sejam criadas em um formato de curva (Figura 6.12).

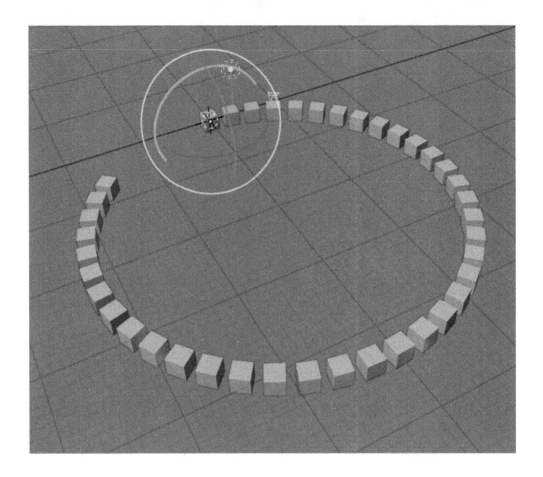

Figura 6.12 - *Cópias em curva no Array*

Use esse mesmo princípio para fazer outras animações baseadas em duplicação de objetos.

6.4 Animando materiais

O conceito de animação aplicada em qualquer propriedade vale também para parâmetros como cores dos objetos. Para verificar como esse conceito funciona, podemos usar o editor de materiais do Blender e fazer uma animação com as cores dos objetos.

É um processo simples que envolve apenas a seleção do material em particular e a marcação das cores. Por exemplo, podemos fazer com que um objeto tenha a cor vermelha na parte inicial de uma animação e depois tenha essa cor alterada para verde.

Você precisa selecionar o objeto e aplicar um material. Escolha a cor inicial como sendo vermelha, ou qualquer outra cor. No quadro inicial que você pretende usar, adicione um quadro-chave usando o seletor de cores. É possível usar a **tecla I** ou então o botão direito do mouse (Figura 6.13).

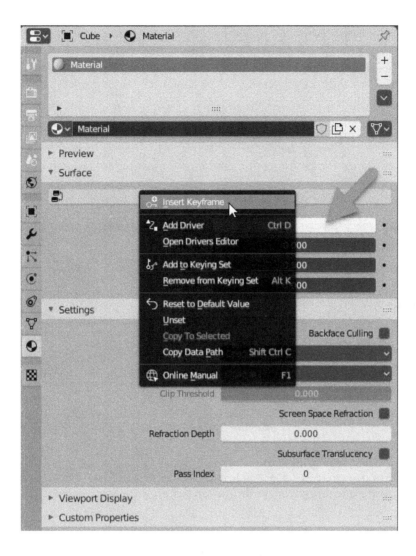

Figura 6.13 - *Quadro-chave na cor*

Altere o quadro da animação para o valor final, e depois modifique a cor do material desse objeto. Adicione outro quadro-chave.

Como resultado você pode observar o objeto tendo a sua cor alterada ao longo do tempo.

6.5 Editando quadros-chave no Dopesheet

Para editar animações de maneira geral a janela *Timeline* é excelente, mas quando você possui diversas animações acontecendo ao mesmo tempo ela já não atende a todos os requisitos para editar esse tipo de conteúdo. A sua maior limitação é apenas visualizar as informações de animação individuais para cada objeto.

Se você quiser sincronizar ou editar múltiplos objetos ela não será de grande ajuda.

Nesse tipo de situação existe outra janela que é muito mais útil para editar e configurar animações, que é a janela **Dopesheet**. Para abrir o **Dopesheet** você precisa apenas fazer a seleção dessa janela no seletor. Você pode fazer a troca rápida para o **Dopesheet** usando o **atalho SHIFT+F12**.

A janela **Dopesheet** possui diversas funções para ajustar animação, sendo a mais importante manipular quadros-chave.

Como funciona? Observe na Figura 6.14 que temos uma representação muito parecida com a **Timeline**.

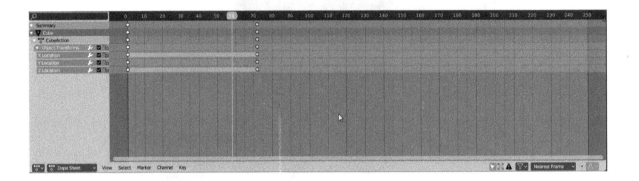

Figura 6.14 - Janela Dopesheet

A primeira grande diferença está no lado esquerdo da janela, pois é possível expandir cada canal e exibir mais detalhes. Para conseguir visualizar múltiplos objetos nessa janela, é preciso selecionar cada um deles. O primeiro passo para ver os detalhes de qualquer objeto é clicar na seta do lado esquerdo de cada nome (Figura 6.15).

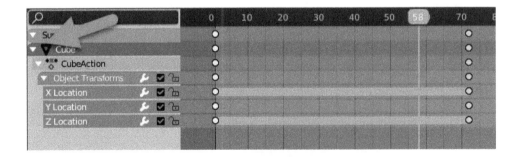

Figura 6.15 - Detalhes dos canais

Nos detalhes para cada canal de animação é possível ver os quadros-chave individuais. Você pode apagar ou editar os quadros de maneira semelhante ao que é realizado dentro da Viewport na modelagem 3D.

Por exemplo, é possível usar a **tecla B** para acionar o **Box Select** e desenhar uma janela ao redor de um grupo individual de quadros-chave (Figura 6.16).

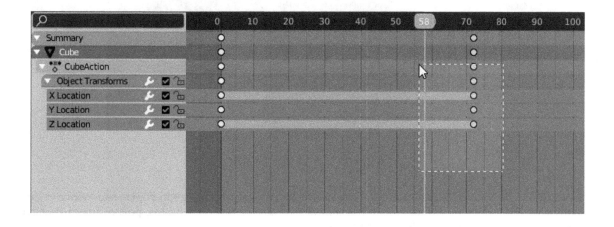

Figura 6.16 - Seleção de quadros

Depois disso você pode usar teclas como:

– **G**: Mover os quadros

– **S**: Alterar a escala de maneira proporcional

– **X**: Excluir os quadros

– **SHIFT+D**: Duplicar os quadros-chave

Com a janela **Dopesheet** é possível até mesmo entender melhor o que está acontecendo na sua animação. Um código visual que ajuda muito na configuração e manipulação de animações é a ligação entre quadros-chave.

No exemplo apresentado na Figura 6.17 é possível observar que alguns quadros -chave possuem uma linha de conexão entre elas.

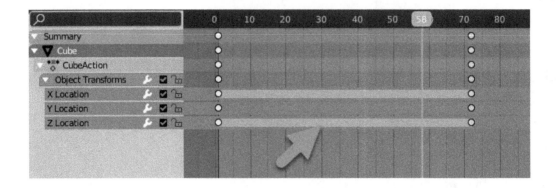

Figura 6.17 - *Linhas de conexão*

Essas linhas de conexão significam que naquele trecho os quadros-chave são cópias sem nenhum tipo de alteração. Em termos de animação isso faz com que os objetos fiquem parados, pois os quadros-chave não adicionam nenhum tipo de alteração na animação.

Se você pretende criar momentos de "pausa" no movimento é uma excelente alternativa. Basta selecionar o ponto em que os objetos devem ficar parados, e usando a **tecla SHIFT+D** fazer uma cópia no trecho em que não deve haver movimento.

6.6 Controlando o tempo de animação

No Blender é possível fazer o controle do tempo para animações usando diversas técnicas diferentes que vão desde o render do material em imagens estáticas, para depois controlar a taxa de reprodução até ajustes em quadros-chave.

Antes de abordarmos o controle da velocidade por meio de quadros-chave é importante saber o local em que é possível ajustar a taxa de reprodução. Isso é fundamental para determinar a velocidade da animação.

Ao abrir a aba **Output** na janela de propriedades você pode editar o **Frame rate** da animação (Figura 6.18).

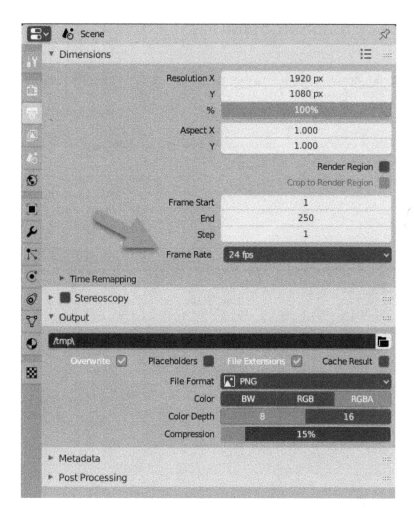

Figura 6.18 - *Frame rate*

Com esse controle você pode fazer alterações diretas no tempo da sua animação. Essas alterações decorrem do simples fato do seu material não sofrer nenhum tipo de modificação quando é alterada a taxa de reprodução.

Por exemplo, ao configurar uma animação para que a mesma transcorra em 24 quadros com uma taxa de reprodução usando também 24 (quadros por segundo) o tempo total será de 1 segundo.

Mas, ao modificar a taxa de reprodução para 48 você automaticamente fará com que a animação tenha apenas meio segundo de duração. Você pode usar a taxa de reprodução para controlar o tempo e velocidade com que as coisas transcorrem no seu projeto.

6.6.1 Controle de tempo com escalas

Caso você não tenha interesse em editar a taxa de reprodução das animações para fazer ajustes no tempo, a melhor alternativa é aproveitar o seu **Dopesheet**. O processo é simples de realizar, pois envolve uma simples aplicação de escala na animação.

Antes de aplicar a escala, é importante definir uma característica única desse tipo de edição que é o ponto pivô. Como você já deve saber, as operações de escala na modelagem 3D usam um ponto pivô como referência. Pode ser a origem dos objetos ou então o próprio cursor 3D.

Na alteração dos tempos com base em escala, o Blender faz uso da posição atual da sua animação como ponto pivô. Por exemplo, observe a Figura 6.19 com uma imagem do **Dopesheet**.

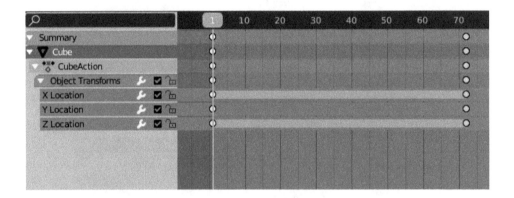

Figura 6.19 - Quadro atual da animação

O quadro atual da animação nesse caso é o 1. Isso é fácil de identificar pela linha vertical que marca esse detalhe na interface.

Se você selecionar todos os quadros-chave na janela usando a **tecla A**, ou qualquer outra ferramenta de seleção, será possível aplicar uma escala com a **tecla S**. Ao mover o cursor do mouse em direção a linha vertical que marca o quadro atual da animação, você vai reduzir a distância entre todos os quadros-chave. O movimento inverso aumenta a distância entre os quadros (Figura 6.20).

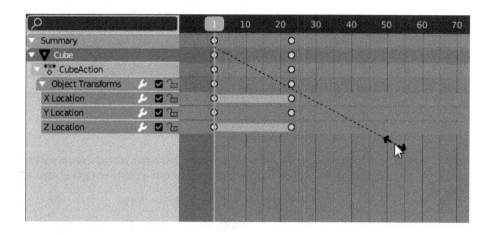

Figura 6.20 - *Alterando distâncias*

Essas alterações na distância entre os quadros faz com que a velocidade da animação seja afetada. Quando mais próximos os quadros, mais rápido será o movimento.

Se você realizar a mesma operação com a linha atual da animação em posição diferente da 1, o resultado será que a escala faz os quadros-chave expandir ou contrair em ambas as direções (Figura 6.21).

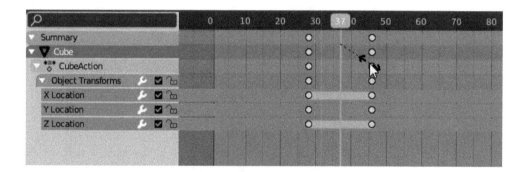

Figura 6.21 - *Ponto pivô diferente*

Isso acontece devido ao ponto pivô da escala não ser mais a posição 1. Se você não quiser alterar o ponto de partida da animação, a escala deve sempre ser realizada usando como quadro atual o início do movimento.

A linha vertical sempre define o ponto de origem que determina a direção da expansão ou contração da escala. Essa é a melhor opção para controlar os tempos da animação, sem alterar a taxa de reprodução.

Capítulo 7 - Ferramentas de animação

As animações por interpolação são uma ferramenta poderosa e fácil de usar no Blender, pois muito do processo é feito de maneira automática. Mas, apesar dessa facilidade ainda é possível melhorar com o uso de algumas ferramentas adicionais.

No Blender você conta com opções como o Graph Editor para trabalhar nas animações usando gráficos e gerar efeitos únicos. Depois temos as hierarquias de movimento que permitem gerar animações secundárias independentes.

Para finalizar você pode trabalhar também com trajetórias de animação usando curvas! Ao longo do próximo capítulo você aprende a usar essas ferramentas para ajudar nos seus projetos de animação.

7.1 Usando o Graph Editor

Uma das ferramentas mais úteis para gerenciar e alterar animações é o chamado **Graph Editor**, que permite alterar animações usando um gráfico que representa as alterações ao longo. Por exemplo, é possível visualizar a evolução de uma animação com um simples gráfico como mostra a Figura 7.1.

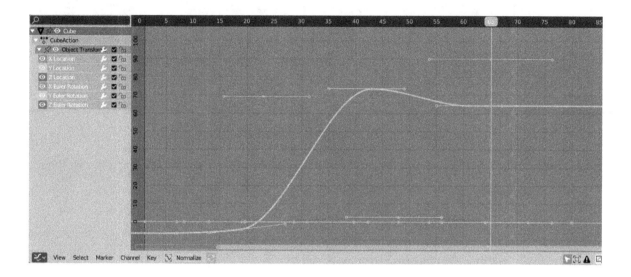

Figura 7.1 - *Exemplo de gráfico para animação*

O gráfico deve sempre ser interpretado como uma representação visual em que a linha horizontal é o tempo em quadros, e a vertical marca uma propriedade. Ela não representa em hipótese alguma uma trajetória.

Como alterar animações no Blender usando esse tipo de sistema? Para conseguir manipular animações dessa forma, você deve abrir uma janela do tipo **Graph Editor** ou usar o **WorkSpace** próprio para animação (Figura 7.2).

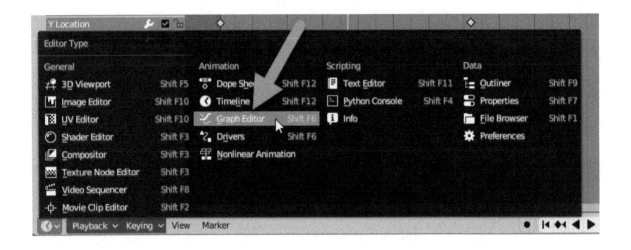

Figura 7.2 - *Janela Graph Editor*

Essa é uma descrição do que você encontra no **Graph Editor** de acordo com o que aparece na Figura 7.2:

1. *Editor de gráficos*: É aqui que você visualiza os gráficos das animações

2. *Barra de ferramentas*: Você visualiza os objetos e respectivos canais de animação. Na maioria das vezes é preciso abrir esse painel para começar o editor

3. *Barra de propriedades*: Para conferir os valores numéricos dos quadros-chave no gráfico, você deve usar essa barra

4. *Indicador de animação*: Linha vertical que identifica o quadro atual da animação

Quando você tiver qualquer objeto que já tenha algum tipo de animação existente, é preciso expandir a barra de ferramentas na esquerda para visualizar os canais de animação. Cada objeto tem seu próprio canal de animação com as respectivas propriedades.

Por exemplo, ao selecionar um objeto que possua animação simples de deslocamento você vai encontrar o gráfico como mostra a Figura 7.3.

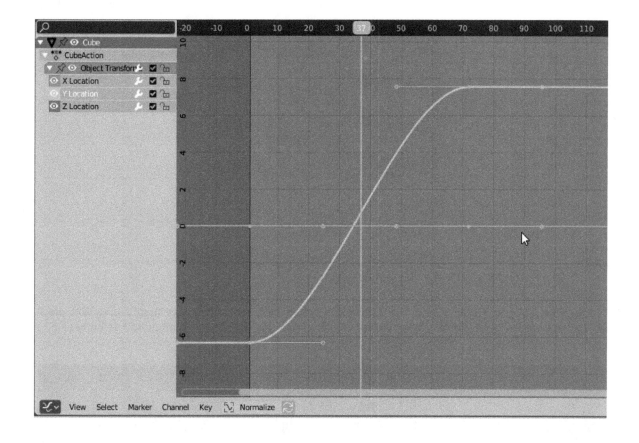

Figura 7.3 - Gráfico de movimento

Observe que na esquerda você pode identificar que o mesmo está realizando uma animação de movimento no eixo Y apenas. Se essa opção não estiver visível quando você abrir o editor, basta pressionar a **tecla T** para visualizar as opções.

Os gráficos no editor também possuem um modo de edição que funciona de maneira semelhante ao que temos na modelagem 3D.

Cada linha dos gráficos é identificado com uma cor para ajudar na edição de movimentos em eixos. Por exemplo, a animação realizada no eixo X é vermelha. As outras cores são verde para o Y e azul para Z. Como essas curvas estão totalmente horizontais não existe animação.

Você pode ocultar essas linhas usando o ícone do olho na lista de canais (Figura 7.4).

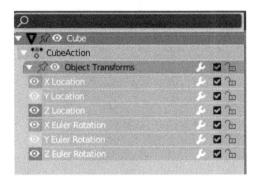

Figura 7.4 - Ocultando curvas de animação

7.1.1 Editando curvas de animação

Como editar e alterar curvas de animação? Quando você seleciona um objeto que possui animação e precisa fazer ajustes, o **Graph Editor** é uma excelente opção. Veja o caso do gráfico apresentado na Figura 7.5.

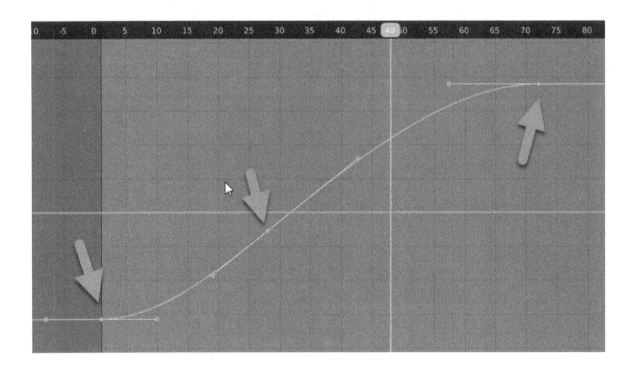

Figura 7.5 - Gráfico de animação

Nesse gráfico podemos identificar três pontos que marcam o início, meio e fim da animação. Cada um desses pontos funciona de maneira semelhante a um vértice dos modelos 3D. Você pode selecionar a curva, usando qualquer uma das opções de seleção do Blender.

Assim que você um ponto que faz parte da curva, devem aparecer as alças de controle. Cada ponto ganha pelo menos mais uma marcação que está conectada com a marcação original (Figura 7.6).

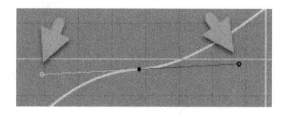

Figura 7.6 - Pontos de controle

A quantidade e maneira com que cada um dos pontos de controle se comporta é determinada com o tipo de cada ponto. Os tipos disponíveis são:

– **Vector**: Pontos de controle independentes

– **Aligned**: Pontos alinhados uns com os outros mas com distâncias independentes

– **Automatic**: Pontos totalmente alinhados uns com os outros até mesmo nas distâncias

Para alterar o tipo de ponto, basta pressionar a **tecla V** com um ponto selecionado. Qual a diferença entre cada um dos tipos? Você consegue gerar transições entre cada um dos pontos de maneira diferente. Por exemplo, usando o Vector é possível fazer cantos angulados (Figura 7.7).

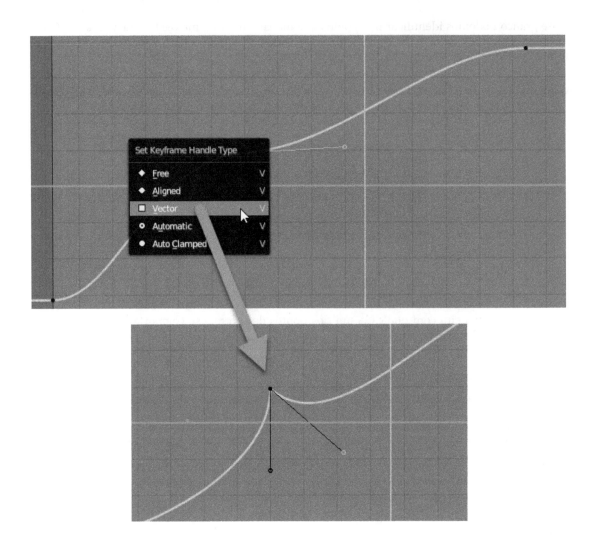

Figura 7.7 - Curvas do tipo Vector

Já com os pontos do tipo Aligned e Automatic você consegue fazer curvas suavizadas (Figura 7.8).

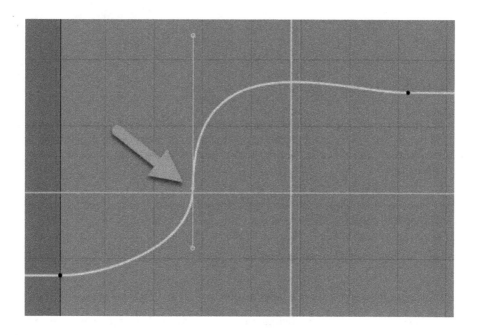

Figura 7.8 - Curvas suavizadas

Outra opção útil para editar as curvas de animação é com a barra de propriedades.

Na janela do **Graph Editor** você deve pressionar a **tecla N** para abrir a barra de propriedades. Nessa barra aparecem diversas opções, sendo a mais importante o campo que marca o valor numérico da propriedade que está sendo animada e o quadro atual (Figura 7.9).

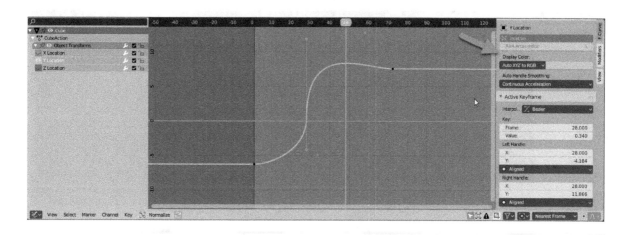

Figura 7.9 - Barra de propriedades

Você pode selecionar um ponto na curva e depois alterar os valores numéricos na barra de propriedades. Essa é uma excelente maneira de fazer correções na animação usando precisão.

Se você começou a animação usando apenas o movimento do mouse como referência, o uso de propriedades numéricas pode ajudar a fazer movimentos mais precisos e ajustes no tempo da animação.

7.2 Animação em ciclos

Entre as opções criativas que o **Graph Editor** oferece, podemos escolher os loops de movimento como sendo um dos mais famosos. Você pode fazer com que objetos tenham movimento repetido de maneira cíclica e ininterrupta. Por exemplo, podemos fazer uma hélice girar sem parar ou qualquer coisa que necessite desse tipo de movimento.

Para conseguir esse tipo de efeito, primeiro precisamos de um objeto que realize apenas um ciclo de movimento que depois será repetido infinitas vezes.

Você pode criar esse objeto seguindo esses passos:

1. Crie um cubo e aplique uma escala nele apenas no eixo X com tamanho igual a 3.

2. No quadro 1 da sua linha do tempo adicione um quadro-chave de rotação com a **tecla I**.

3. Desloque o quadro atual até a posição 60.

4. Na posição 60 aplique uma rotação no objeto de 359 graus no eixo Z.

5. Adicione outro quadro-chave de rotação.

Depois de realizar esses passos e ainda com o objeto selecionado, podemos abrir o Graph Editor e ver o seguinte gráfico para o movimento (Figura 7.10).

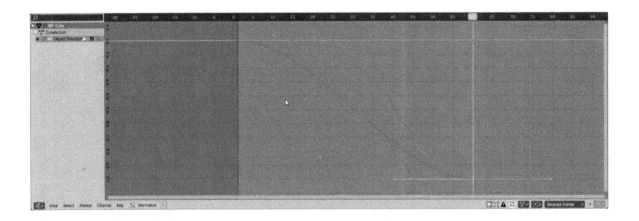

Figura 7.10 - *Gráfico da animação*

Use a **tecla HOME** para ajustar a visualização do gráfico e exibir todos os pontos na tela.

O objeto não vai realizar uma animação muito longa, pois a interpolação vai fazer o caminho mais curto. Entre a posição 0 e 359 será apenas uma leve inclinação.

Entre no modo de edição para esse gráfico e selecione o último ponto da curva. Abra a barra de propriedades e verifique se o valor está mesmo em 359. Caso não esteja, altere o valor para que o gráfico faça uso desse valor para o movimento.

Você pode alterar o valor da posição desse ponto para outro qualquer, usando as informações da barra de propriedades (Figura 7.11).

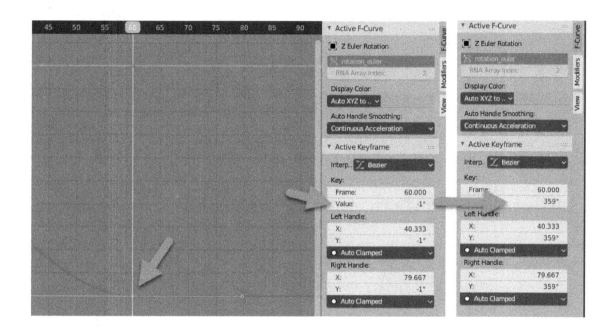

Figura 7.11 - *Alterando a propriedade*

Para criar uma repetição cíclica para essa animação você agora deve usar, ainda na barra de propriedades, a aba chamada de **Modifiers**. Adicione na sua curva um **modificador do tipo Cycles**, que apesar de ter nome parecido não possui relação com o renderizador.

Ao aplicar o modificador, você terá uma repetição cíclica do movimento e um gráfico que mostra todas as repetições (Figura 7.12).

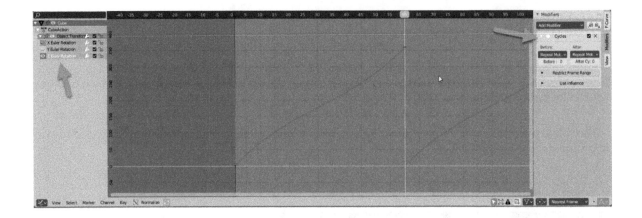

Figura 7.12 - Adicionando o modificador

Para fazer esse tipo de animação, você deve apenas ter o cuidado de evitar fazer o giro completo até a posição 360 e depois aplicar o modificador. O motivo é simples, se a sua animação chegar até a posição 360 o próximo quadro será o 0 que possui a mesma inclinação.

Isso acaba gerando uma leve parada na animação quando é feita a transição entre o 0 e 360.

7.3 Alteração rápida do tipo de curva

As curvas de animação ainda possuem uma opção no **menu Curve** que permite trocar de maneira rápida o seu tipo. Isso permite com que você faça mudanças rápidas no tipo de animação.

Os tipos e curva disponíveis são:

– **Linear**: Para animações sem nenhum tipo de suavização que tenham natureza artificial, como no caso de robôs.

– **Smooth**: É o indicado para movimentos mais naturais como personagens.

– **Constant**: Quando você precisar fazer animações em que não existe interpolação. Os valores "pulam" entre os números sem números intermediários.

Você encontra os tipos de curva no **menu Key → Inperpolation Mode**. Essas mesmas opções ficam disponíveis usando a **tecla T**. Basta selecionar os pontos de controle de uma curva e acionar o atalho (Figura 7.13).

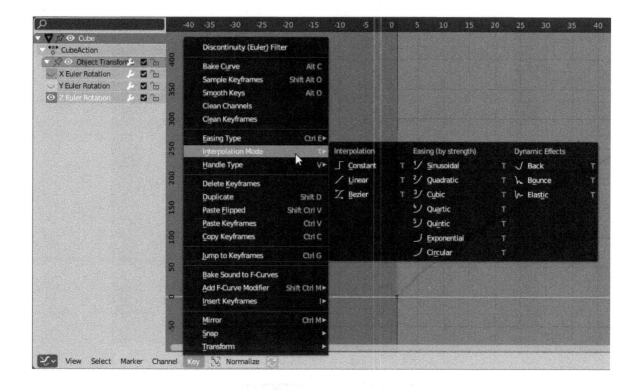

Figura 7.13 - *Modos de interpolação*

Com os modos de interpolação você pode ter muito mais controle sobre a dinâmica de movimentos dos objetos.

7.4 Suavização de movimento

Se você pesquisar sobre animação de maneira geral e seus princípios, um termo que vai aparecer com frequência é a chamada suavização de movimento. O termo técnico em inglês para esse tipo de suavização é *Ease* que pode acontecer no início ou final dos movimentos.

No Blender é possível trabalhar com esse tipo de suavização de maneira automática já aplicando o processo nas curvas. No **menu Key → Easing Type** você pode escolher entre diversos tipos de suavização. É possível usar também o **atalho CTRL+E**.

Como funciona? Por exemplo, você pode selecionar uma curva de movimento que não possui nenhum tipo de suavização como a exibida na Figura 7.14.

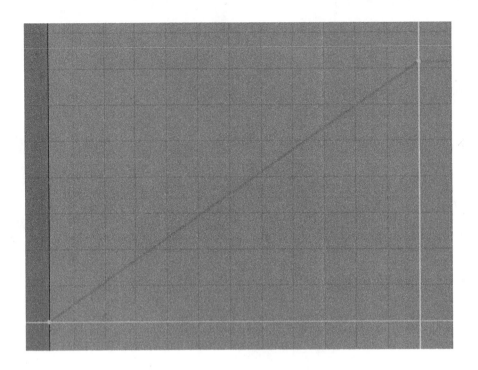

Figura 7.14 - Curva sem suavização

É uma curva com movimento linear. Depois de selecionar o ponto inicial da curva e no **menu Easing Type** escolher a opção **Ease In**, você terá o resultado apresentado na Figura 7.15.

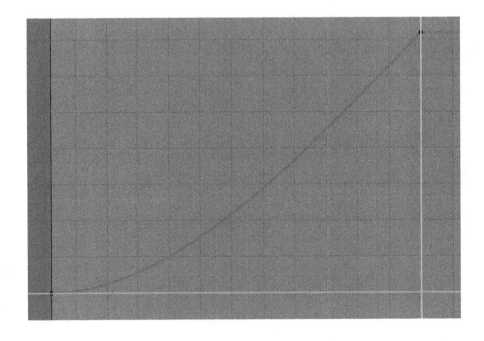

Figura 7.15 - *Suavização da curva*

Observe como a curva teve o seu padrão de deslocamento alterado para começar bem próxima da linha horizontal. Para depois ir aos poucos crescendo. Esse é o padrão tradicional da suavização.

O mesmo se aplica quando você realiza o chamado **Ease Out** em que o movimento tem uma suavização no seu encerramento.

7.5 Hierarquias de movimento para animação

Na produção de animações usando softwares 3D como o Blender é muito comum termos as chamadas animações secundárias, em que você acaba tendo um objeto que realiza movimentos próprios e também segue outro principal.

A melhor forma de explicar o que é uma hierarquia em animação é com sistemas planetários. Basta pesar na relação entre a Terra e a Lua. Ao observar a Lua você percebe que ela está se movendo, mas também segue a Terra.

É uma relação de hierarquia em que a Terra comanda o deslocamento. Na linguagem de animação a Terra é o *Parent* com maior nível na hierarquia. Nesse tipo de sistema os objetos com níveis mais baixos seguem tudo que os mais altos fazem.

Outro exemplo que permite entender bem essa relação são os veículos com partes móveis. Por exemplo, uma hélice que precisa ser animada em um helicóptero. A hélice recebe uma animação em ciclos para girar de maneira indefinida, mas ainda assim segue tudo que a fuselagem principal do veículo realiza.

Nesse caso, a hélice está em um nível inferior na hierarquia (Figura 7.16).

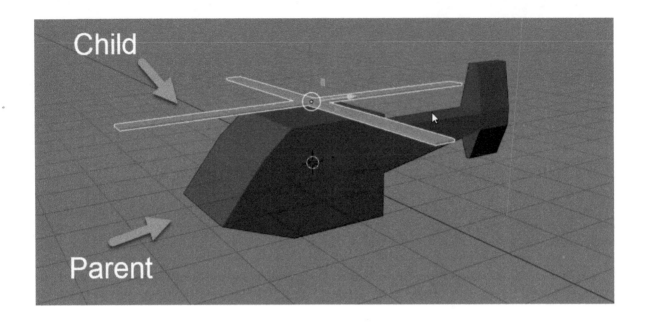

Figura 7.16 - *Relação entre fuselagem e hélice*

Como isso funciona no Blender? É possível gerar esse tipo de hierarquia no Blender usando uma ferramenta chamada de *Parent*. As opções estão disponíveis no **menu Object → Parent**.

Você pode usar também um atalho para acionar a ferramenta *Parent* que é a **tecla CTRL+P**.

Antes de realizar um exemplo para demonstrar a criação de hierarquias, você deve conhecer uma característica importante do processo. Você deve selecionar ao menos dois objetos para fazer a hierarquia.

O último objeto a ser selecionado terá sempre o maior nível na hierarquia. Em termos técnicos de animação é comum dizer que ele será o pai.

Por exemplo, se formos selecionar os modelos 3D de uma hélice e fuselagem para o modelo de um helicóptero, teremos que fazer o seguinte:

1. Selecione primeiro o modelo 3D da hélice.

2. Com a **tecla SHIFT** pressionada, selecione a fuselagem.

3. Pressione a **tecla CTRL+P** e escolha a opção *Object*.

Ao fazer isso você cria uma hierarquia entre os objetos. Como saber se a hierarquia funcionou? Simples, basta selecionar apenas o objeto que deveria ser o pai na estrutura e aplicar uma transformação. Por exemplo, pode ser o deslocamento pela Viewport. Se a hélice repetir a mesma transformação, a hierarquia está funcionando.

Agora, se você aplicar qualquer transformação no objeto que está no nível mais baixo da hierarquia a transformação não tem efeito nos objetos acima. Essa é a vantagem em usar esse tipo de relação entre os objetos.

Você pode editar e alterar as animações dos filhos sem nenhuma preocupação com os pais.

7.6 Animação seguindo caminhos definidos

As animações com base em interpolação ajudam na criação dos mais diversos tipos de movimento e com base na quantidade de quadros-chave, você pode criar os mais diferentes tipos de trajetórias.

Mas, algumas vezes pode ser necessário trabalhar com a criação de curvas ou trajetórias muito arredondadas e complexas de gerar apenas com quadros-chave. No Blender você pode aproveitar curvas como guias de animação. É possível fazer com que objetos usem essas curvas como caminhos para animação.

Para conseguir usar essa opção é preciso antes de qualquer coisa adicionar uma curva no seu projeto.

7.6.1 Criando curvas para animação

A criação das curvas segue o mesmo padrão já usado no Blender com a **tecla SHIFT+A** ou então o **menu Add**. Ao acionar o atalho você deve escolher a opção **Curve → Bezier**. Isso adiciona uma curva do tipo Bezier na sua Viewport.

Essas curvas usam o mesmo princípio de funcionamento das curvas no **Graph Editor**. Você precisa alterar a forma da curva até que a mesma represente a trajetória desejada para sua animação.

Ao entrar no modo de edição com a curva selecionada, você vai imediatamente visualizar os pontos de controle e as suas respectivas alças (Figura 7.17).

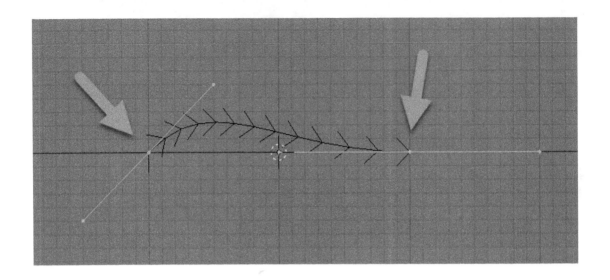

Figura 7.17 - *Alças de controle*

As curvas sempre iniciam no **modo Aligned** que alinha os movimentos de ambas as alças. Use a **tecla V** para alterar o tipo de comportamento. Por exemplo, ao escolher o **modo Vector** você transforma a curva em uma linha reta (Figura 7.18).

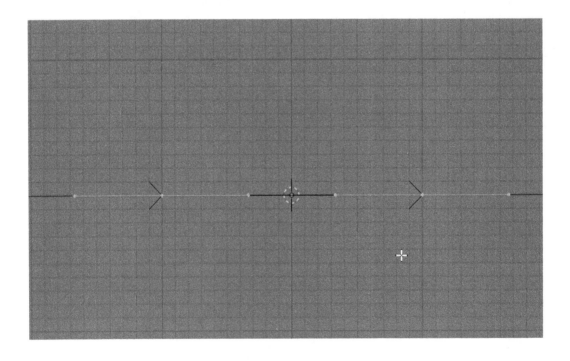

Figura 7.18 - *Modo Vector*

Dessa linha reta você pode selecionar as alças de controle e com a **tecla G** fazer os ajustes necessários para gerar uma curva novamente. Ao selecionar um ponto de controle, você pode expandir a curva com a **tecla E**. Depois é só alterar o comportamento das alças para ajustar a curva novamente com a **tecla V**.

No final você terá uma curva como a apresentada na Figura 7.19.

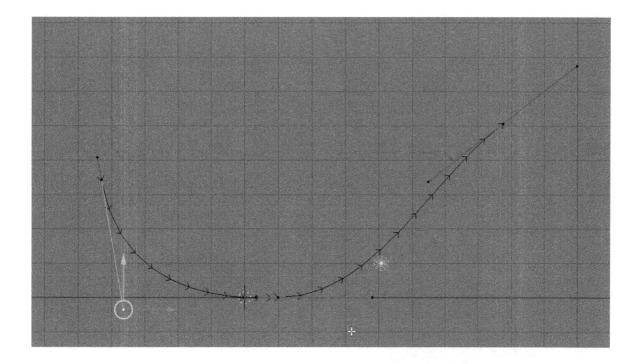

Figura 7.19 - Curva para animação

Com a curva pronta, podemos partir para a animação.

Dica: Um modo rápido de transformar uma curva composta apenas por segmentos de reta é selecionar todos os pontos com a tecla A, e depois usando a tecla V converter tudo para o modo Aligned.

7.6.2 Animação e hierarquias com curvas

Como fazer para que um objeto use curvas como trajetórias de animação? Simples, usando hierarquias. O Blender usa o sistema de hierarquias para determinar se um objeto deve ou não seguir a trajetória marcada por uma curva.

O processo consiste em determinar que o objeto é filho da curva em hierarquia. Portanto, você deve selecionar primeiro o objeto que será animado e por último a curva.

Depois de selecionar ambos os objetos você deve pressionar a **tecla CTRL+P** e escolher a opção **Follow Path**. Isso faz com que seja criada uma relação entre os dois objetos com animação. Seu objeto agora usa a curva como trajetória. Basta pressionar a **tecla ESPAÇO** ou o play na **Timeline** para conferir.

Você provavelmente vai reparar em alguns detalhes da animação que podem ser melhorados:

– O objeto está se movendo longe da curva

– A animação acontece em apenas 100 quadros

– O objeto pode começar o movimento do lado errado da curva

Como corrigir esses detalhes e problemas?

7.6.2.1 Origem do objeto na curva

Se o objeto da animação estiver se movendo alinhado com a curva mas longe dela, o problema está na origem do objeto. Para fazer com que o objeto fique alinhado com a curva você deve selecionar o objeto e usar o **menu Object → Clear → Origin** (Figura 7.20).

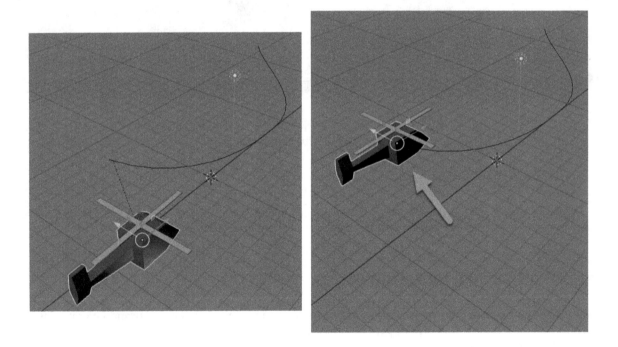

Figura 7.20 - Origem do objeto

Ao acionar esse menu, seu objeto terá a origem alinhada com a curva e seu movimento acontece exatamente sobre a linha.

7.6.2.2 Limite de animação com curvas

O limite de apenas 100 quadros para animação com curvas é o padrão do Blender. Você pode alterar o valor para qualquer outro usando a aba **Object Data** da janela de propriedades (Figura 7.21).

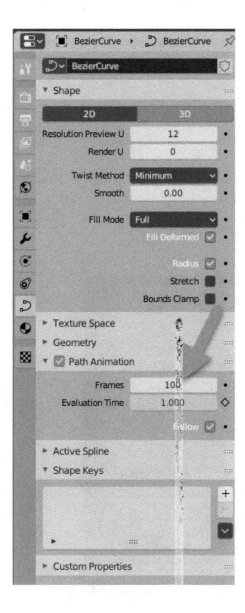

Figura 7.21 - Object Data

Se você selecionar a curva e abrir esse painel as opções disponíveis são para a curva. Uma delas será o **Path Animation** e nele você encontra o **Frames**. Altere o valor desse parâmetro para a duração desejada na sua animação.

7.6.2.3 Ponto de partida da curva

As curvas no Blender possuem um ponto de inicio e término que acaba sendo usado para definir a trajetória da animação. Se você quiser alterar o ponto de partida, é preciso fazer a inversão da curva. Entre no modo de edição da sua curva e pressione o botão direito do mouse para abrir o menu de contexto.

Escolha a opção Switch Direction para alterar a direção da curva (Figura 7.22).

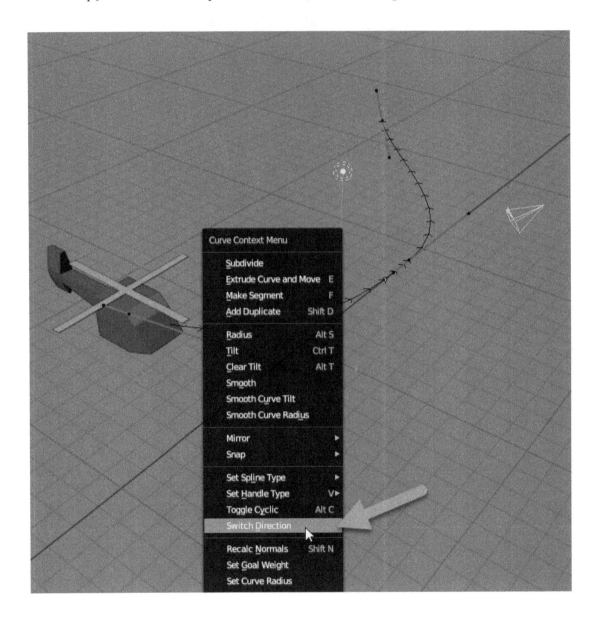

Figura 7.22 - Direção da curva

Agora o seu objeto começa a animação pelo lado oposto.

Capítulo 8 - Render e montagem de vídeo

As opções para criar animação no Blender são as mais diversas e podem ajudar artistas digitais a criar os mais diversos tipos de projetos. Com essa quantidade de opções é comum surgirem dúvidas no momento em que o projeto deve ser renderizado.

No próximo capítulo você aprende a usar algumas das opções do Blender que ajudam na criação de animações e vídeos. Desde o seu poderoso editor de vídeo embutido no software e outros ajustes para garantir que você tenha o melhor resultado no render.

8.1 Renderizando animações

A renderização de imagens estáticas no Blender é algo muito simples de ser realizado e você precisa apenas acionar o atalho do render, que é a **tecla F12**. Ao pressionar essa tecla você começa a visualizar o resultado do render em uma janela própria, que é chamada de Image Editor. Caso você queira, é possível abrir uma instância dessa janela na própria interface (Figura 8.1).

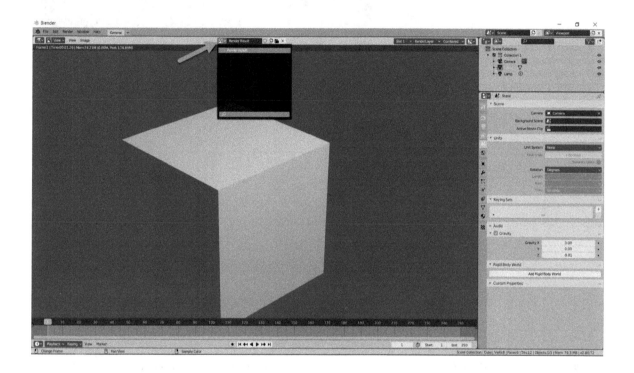

Figura 8.1 - *Janela Image Editor*

Use o seletor na parte superior da janela para exibir o resultado do render.

Quando a sua imagem aparecer na janela você precisa apenas escolher o **menu Image → Save As...** para gravar a imagem no seu computador. É uma forma rápida e fácil de gerar imagens estáticas dos seus projetos. No próprio menu que aparece na lateral é possível escolher o formato da imagem e detalhes como a sua compressão (Figura 8.2).

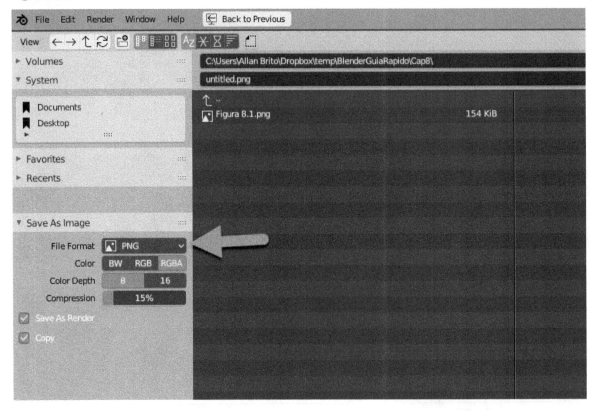

Figura 8.2 - *Opções para salvar formatos de arquivos*

O melhor formato para salvar seus projetos de renderização é o PNG que utiliza um método de compressão chamado **Lossless**. O motivo que faz do PNG ser o melhor formato para salvar suas renderizações é exatamente essa compressão. Existem dois tipos principais para compressão de dados:

– **Lossless**: Compressão que não elimina nenhum tipo de informação para reduzir o tamanho dos arquivos. A redução dos arquivos é pequena, mas por outro lado você tem acesso a todas as informações das suas imagens.

– **Lossy**: Aqui temos uma compressão usando fórmulas para excluir partes desnecessárias da imagem com o objetivo de reduzir seu tamanho. Os níveis de compressão são excelentes.

Em termos de compressão de informações para imagem é possível fazer uma divisão bem clara em formatos e tipos:

– PNG → Lossless

– JPG → Lossy

Ao salvar qualquer imagem no formato JPG você está automaticamente excluindo partes da imagem para reduzir seu tamanho.

Dica: *Nunca salve seus arquivos JPG múltiplas vezes, pois isso elimina ainda mais informações dos arquivos todas as vezes que o processo é repetido.*

Se você quiser gerar arquivos JPG o ideal é salvar o material no formato PNG para depois criar versões no formato JPG. Assim você pode manter sempre uma versão "completa" das suas imagens para posterior edição.

8.1.1 Renderização para vídeo

A criação de imagens com base em render de apenas um quadro é simples e consiste apenas na escolha do melhor formato para gravar seus projetos. Quando o tema muda para animações e processo necessita de alguns ajustes.

Para conseguir renderizar animações no Blender você precisa observar as seguintes características:

1. Local em que os arquivos são salvos

2. Formato usado para o vídeo

3. Tempo necessário para renderizar todos os quadros

Entre esses tópicos o único que não permite uma edição direta é o último, sobre o tempo necessário para conseguir renderizar o vídeo como um todo.

Para renderizar animações você precisa configurar a pasta em que o material será salvo antes de iniciar o render. Isso pode ser feito na aba **Output** dentro do campo que também recebe o nome de **Output** (Figura 8.3).

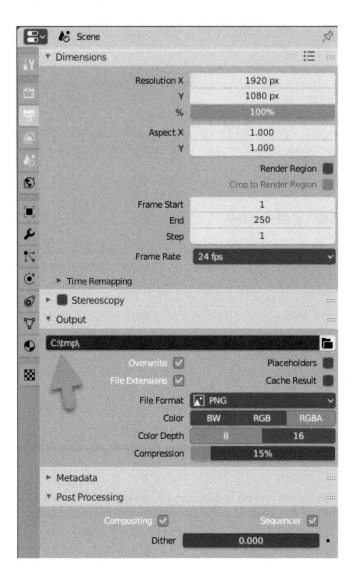

Figura 8.3 - Campo Output

Nesse campo você pode fazer a indicação de uma pasta que será usada para armazenar a animação.

Qual o melhor formato para usar no render de animação? Ao abrir a lista de opções com o **File Format** você vai visualizar as seguintes opções:

– **AVI JPEG**: Formato próprio do Blender que salva arquivos no formato AVI usando compressão em JPG. (Lossy)

– **AVI Raw**: Formato de vídeo sem nenhum tipo de compressão que gera arquivos AVI de tamanho considerável. (Lossless)

– **FFmpeg video**: Formato com múltiplas opções de saída e recomendado para trabalhar com vídeo digital moderno.

Para gerar arquivos de vídeo usando formatos modernos o recomendado é sempre aproveitar os recursos do **FFmpeg video**. Se você escolher esse formato de saída, aparece uma opção chamada Encoding logo abaixo do seletor de formatos (Figura 8.4).

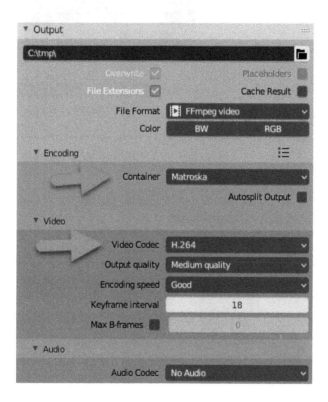

Figura 8.4 - Opções de Encoding

Você pode escolher opções como o container de vídeo (MP4, MKV, OGG ou MOV) e detalhes relacionados com a compressão.

Se você quiser uma configuração rápida do processo, pode usar os modelos prontos de ajustes que ficam no ícone indicado pela Figura 8.5.

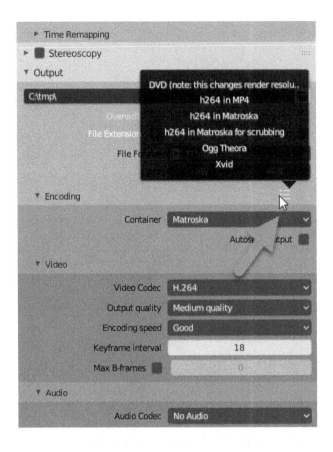

Figura 8.5 - Modelos prontos de render

Por exemplo, ao escolher o modelo **H264 in MP4** os parâmetros do render para vídeo são todos alterados.

Com as opções escolhidas, você pode pressionar as **teclas CTRL+F12** ou o menu **Render** → **Render Animation** para que o processo tenha início. Dependendo da sua animação e render escolhido o processamento pode demorar alguns minutos ou diversas horas.

8.1.2 Renderizando sequências de imagem

A maioria dos artistas que pretende trabalhar com animação no Blender acaba configurando seus projetos para gerar arquivos MP4 ou OGG para posterior edição e montagem. Mas, esse pode não ser a melhor opção para salvar animações.

O ideal nesses casos é salvar suas animações como sequências de imagem no formato PNG ao invés de MP4 ou vídeo.

Quais as vantagens em usar sequências de arquivos PNG? Esses são alguns dos benefícios na renderização de imagens em sequência:

– **Armazenamento e compressão**: As sequências de arquivos PNG podem posteriormente serem convertidas em vídeo. Você ainda garante uma compressão *Lossless* para seus quadros.

– **Backup contra travamentos e interrupções**: Ao renderizar múltiplas imagens para animação você vai aos poucos gerando todos os recursos necessários para montar seu vídeo. No caso de interrupções no processo você não perde o que já foi processado. As imagens salvas no disco não precisam ser renderizadas novamente se o render parar.

– **Composição de arquivos**: Os arquivos PNG suportam canal alpha para composição e permitem trabalhar com animações em múltiplas camadas. Você pode gerar efeitos únicos usando apenas o Blender.

As vantagens de renderizar animações como sequências de imagens fazem do processo quase que uma obrigação. Se você tiver pressa para ter um arquivo de vídeo, basta escolher como saída o **FFmpeg** com o template para MP4/H264 selecionado.

Nos casos em que o projeto é mais longo e deve exigir edição e montagem, o uso das sequências de imagem é mais do que recomendado.

8.2 Editando vídeo e animação no VSE

Entre as vantagens de usar o Blender para produção de animação está o fato do softwares apresentar um editor de vídeo. Com o chamado **Video Sequencer Editor** você pode trabalhar com a montagem e edição dos mais diversos tipos de projetos relacionados com vídeo e animação.

A janela do Video Sequencer pode ser habilitada usando o seletor de janelas ou o **atalho SHIFT+F8**. Ao abrir essa janela na sua interface do Blender, é possível identificar as seguintes partes do editor (Figura 8.6).

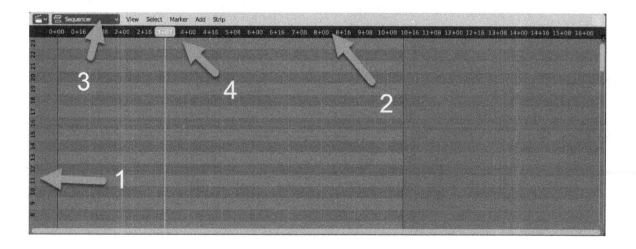

Figura 8.6 - *Video Sequencer*

1. **Canais de edição**: Funciona como sem fossem camadas que podem receber múltiplas trilhas de vídeo ou áudio.

2. **Linha do tempo em quadros ou minutos/segundos**: A linha do tempo horizontal representa o tempo do vídeo. Ao aplicar uma escala para comprimir a visualização na horizontal é possível ver o tempo em minutos e segundos.

3. **Tipo de edição**: Você pode escolher entre visualizar os canais de edição, ou então um preview do projeto. Existe uma opção chamada *Sequencer/Preview* que divide a tela e mostra ambos.

4. **Quadro atual do vídeo**: Linha vertical que identifica o quadro atual na edição.

Essas são as partes principais do **Sequencer Editor**. No caso do tipo de edição o recomendado é trabalhar no modo **Sequencer/Preview** para ter uma idéia do que você está editando.

Se você quiser uma interface preparada para trabalhar com montagem e edição de vídeo, a melhor opção é usar o **WorkSpace** próprio chamado **Video Editing**. Você pode habilitar ele ao adicionar um novo **WorkSpace** em **Video Editing → Video Editing** (Figura 8.7).

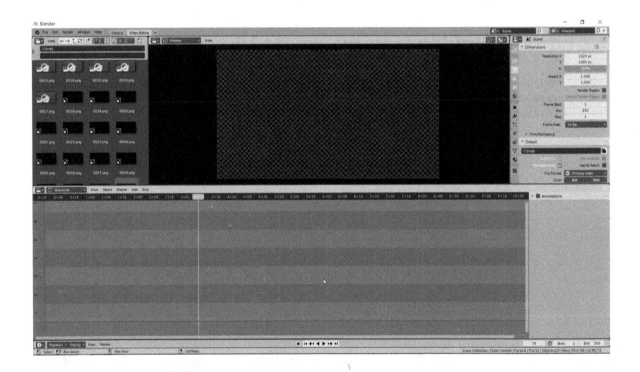

Figura 8.7 - *Video editing*

Nessa organização de interface você tem uma janela de preview, o editor e também um seletor de assets para incluir vídeos ou imagens.

8.2.1 Adicionando vídeos e sequências de imagem

Como adicionar vídeos ou sequências de imagem no editor? Para incluir qualquer tipo de mídia no editor, você deve usar o **menu Add**. Nesse menu existem opções próprias para adicionar um vídeo (Movie) ou então uma sequência de imagens (Image/Sequence).

Assim que você aciona qualquer uma das opções é necessário escolher o arquivo de vídeo ou imagens, para que apareça um **Strip** de vídeo no editor (Figura 8.8).

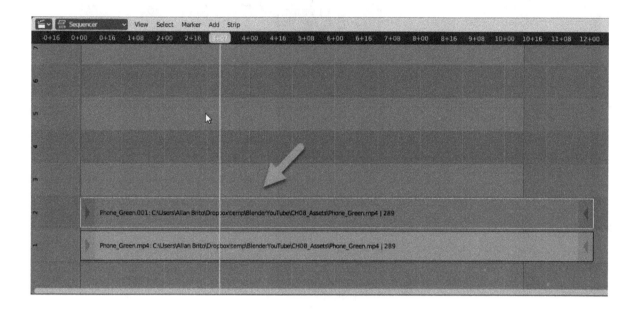

Figura 8.8 - Strip de vídeo

Você pode editar e manipular esse **Strip** de vídeo com as mesmas ferramentas de seleção padrão do Blender. Se você for usar sequências de imagem é possível usar a **tecla A** no seletor dos arquivos para facilitar o processo.

Depois de adicionar uma sequência de imagens no editor você poderá ver o material no preview como se fosse um arquivo de vídeo. Um detalhe que deve ser levado em consideração é o uso da mesma taxa de reprodução no projeto e também para os arquivos usados no editor.

Por exemplo, se uma animação foi criada usando taxa de reprodução em 30 e o seu editor for configurado para 60 o resultado será a animação passando com o dobro da velocidade. Os ajustes para a taxa de reprodução são feitos na janela de propriedades na aba **Output**.

8.2.2 Cortando trechos de vídeo

O corte de partes indesejadas está entre as tarefas mais comuns em editores de vídeo no mercado. O editor do Blender consegue fazer isso usando um atalho simples. Para fazer o corte de um **Strip** de vídeo, você precisa apenas posicionar o quadro atual no local desejado para o corte e acionar o **atalho SHIFT+K** (Figura 8.9).

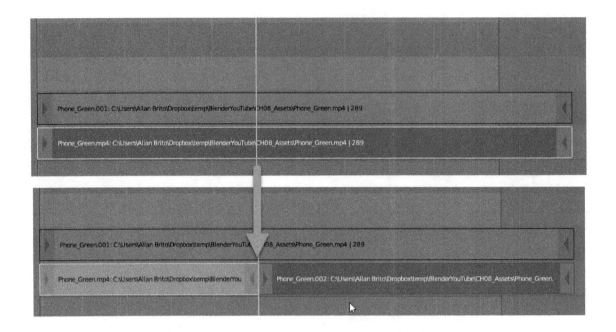

Figura 8.9 - Cortando trechos de vídeo

Depois que você realiza o corte do vídeo é possível selecionar as partes individuais para reposicionar ou excluir o conteúdo.

8.2.3 Canais e efeitos para vídeo

Como você já deve ter percebido ao editar ou montar vídeos nessa janela do Blender, é possível trabalhar com múltiplos canais de edição. Esses canais funcionam como camadas em um editor gráfico. Você pode posicionar vídeos ou imagens uns sobre os outros.

Por exemplo, ao adicionar uma imagem PNG com fundo transparente e apenas uma marca na lateral sobre um vídeo o preview mostra de imediato apenas a imagem (Figura 8.10).

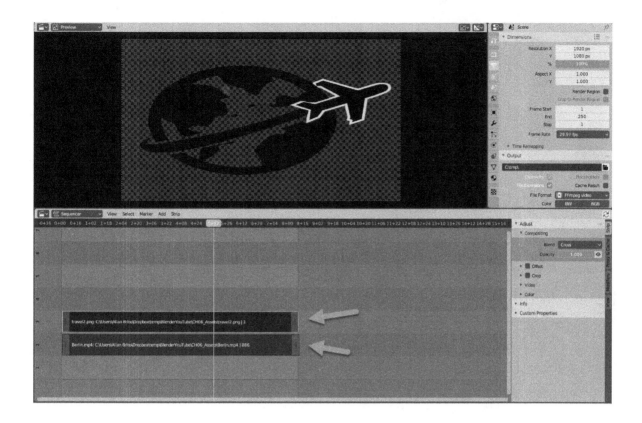

Figura 8.10 - *Imagem sobre vídeo*

Existe uma área especial no menu Add chamada de Effect **Strip** que agrupa efeitos para as imagens e vídeos. Ao selecionar o **Strip** de vídeo e depois a imagem, podemos inserir um efeito do tipo **Alpha Under** (Figura 8.11).

Figura 8.11 - *Efeito no vídeo*

Ao aplicar o efeito no vídeo, você consegue ver o canal que está na parte inferior da imagem. Como o arquivo PNG possui fundo transparente você consegue visualizar o conteúdo do vídeo.

Dica: No Blender é possível gerar esse tipo de arquivo PNG com a opção RGBA habilitada no seletor de arquivos.

É importante seguir a mesma ordem de seleção para os Strips, caso contrário o efeito não vai mostrar o resultado desejado.

8.3 Usando cenas para organizar projetos

No Blender é possível organizar seus projetos de várias maneiras diferentes, seja com o uso de coleções ou grupos para facilitar a seleção e controle dos modelos 3D. Mas, um tipo em particular de recurso para organizar cenas pode ajudar muito na produção de animações.

As chamadas cenas permitem fazer cópias completas de cenas para fins de testes e outras separações.

Como criar novas cenas no Blender? Você pode usar o menu na parte superior da sua interface para fazer a seleção de cenas existentes, ou então criar uma nova cena (Figura 8.12).

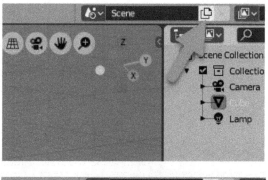

Figura 8.12 - *Criando novas cenas*

Ao acionar o botão de criação, você precisa escolher entre as seguintes opções:

– **New**: Nova cena vazia com os ajustes padrão do Blender.

– **Copy Settings**: Nova cena vazia usando os ajustes e configurações da cena atual.

– **Link Objects**: Nova cena com todos os objetos conectados à cena atual. Se você alterar uma cena, a outra é alterada também.

– **Link Object Data**: Nova cena com todos os objects conectados usando o Object Data. Isso significa que apenas alterações na base dos objetos deve refletir de maneira geral.

– **Full Copy**: Cópia completa da cena atual com objetos independentes.

O uso da opção **Object Data** faz com que você tenha objetos compartilhando a mesma base, mas não a sua forma original. No Blender os objetos são todos formados por um elemento chamado **Data Block**. Esse bloco funciona de maneira semelhante ao DNA dos seres vivos.

Qual a diferença de fazer uma cópia de objetos com ou sem o **Object Data**? Para explicar essa diferença, a melhor opção é fazendo uma comparação com dois gêmeos.

Imagine que você tem dois irmãos gêmeos que compartilham a mesma base de DNA. Se um dos irmãos decide tatuar o braço isso não afeta o outro irmão. Mas, se no seu DNA ficar definido que ambos devem ter um sinal no braço direito a mudança afeta os dois.

O exemplo da tatuagem acontece para os casos em que temos uma cópia dos objetos sem usar o **Object Data**. As alterações feitas em um dos objetos não reflete diretamente no outro como transformações de escala ou modelagem 3D. Já para cópias com **Object Data** tudo está ligado e conectado. As mudanças são compartilhadas por todas as cópias.

8.3.1 Criando novas cenas

Uma ótima maneira de fazer sequências de visualização ou tomadas para animação é com o uso de cenas. Você pode começar o projeto usando apenas uma cena e depois fazer uma cópia do mesmo ambiente e personagens, para depois trabalhar com renders diferentes.

Você pode alterar os nomes de cada cena para que as mesmas ajudem na organização do projeto. Para alterar o nome de uma cena, você precisa apenas clicar sobre o nome dela no seletor (Figura 8.13).

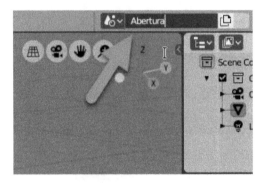

Figura 8.13 - *Alterando nomes de cenas*

Se você não atribuir nenhum nome para as cenas, o resultado será que as mesmas recebem nomes padrão do Blender com números em sequência no final.

8.3.2 Renderizando cenas

Uma das vantagens em trabalhar com cenas no Blender é a possibilidade de adicionar essas informações direto no editor de vídeo. Assim você pode trabalhar com a renderização de múltiplas cenas do projeto em sequência! No menu Add existe uma opção chamada **Scene**, em que você pode escolher as cenas por nome (Figura 8.14).

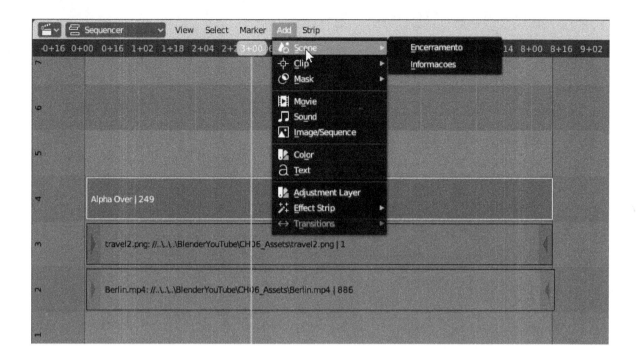

Figura 8.14 - Adicionando cenas

Depois que você adiciona a cena o Blender usa um **Strip** especial de vídeo que aparece no editor. Você tem a representação da duração total para essa animação, sendo possível organizar a sequência em que o projeto será renderizados (Figura 8.15).

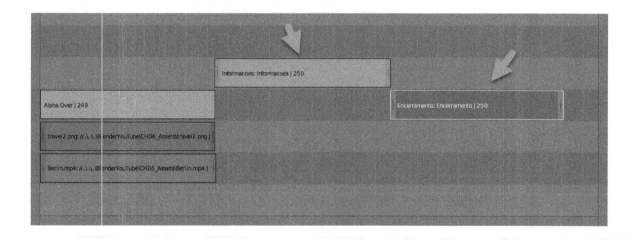

Figura 8.15 - Cenas em sequência

A vantagem de usar essa organização é que você pode reordenar as cenas para o render do projeto. É apenas necessário configurar as câmeras ativas em cada cena de maneira individual.

8.4 Render de múltiplas câmeras

Na renderização de projetos com o Blender você deve seguir uma regra simples que ajuda na organização de qualquer cena, que é a visualização da câmera ativa. O Blender só renderiza o que a câmera ativa está visualizando naquele momento em particular.

Mas, usando um recurso da janela Timeline é possível alterar a câmera ativa ao longo de uma animação de maneira fácil com a ferramenta **Bind Camera to Markers**.

Para conseguir usar esse recurso você precisa:

1. Adicionar marcadores na Timeline usando a **tecla M**. Escolha o quadro desejado e pressione o atalho.

2. Crie ou duplique as suas câmeras na cena.

3. Você deve ter ao menos um marcador para cada câmera.

Depois que você tiver todos os marcadores e câmeras, podemos começar o processo para conectar cada um deles aos objetos.

Selecione o marcador que você deseja configurar usando as ferramentas de seleção do Blender, e selecione a câmera que deve estar conectada com o marcador.

Quando tudo estiver pronto, basta adicionar o **menu Marker → Bind Camera to Markers** na janela **Timeline** (Figura 8.16). Antes de acionar o menu, é importante posicionar o quadro atual da animação sobre o marcador desejado.

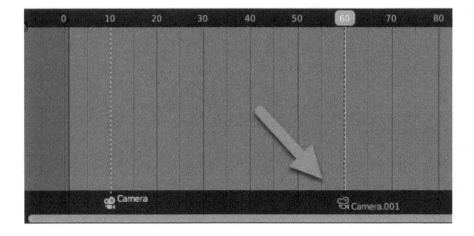

Figura 8.16 - *Configurando as câmeras com marcadores*

O Blender vai substituir o nome dos marcadores pelo da câmera que deve ficar ativa quando a animação passar por aquele quadro. Você pode adicionar quantos marcadores e câmeras achar necessário e fazer animações com múltiplos ângulos ao longo do render.

8.5 Adicionando textos e créditos em vídeos

Assim que você começa a fazer produção de vídeos com o Blender é muito provável que surja a necessidade de adicionar textos ou informações nos seus projetos. Podem ser os créditos da animação ou mesmo dados para montagem posterior.

No editor de vídeo é possível incluir nos projetos um **Strip** especial contento apenas texto (Figura 8.17).

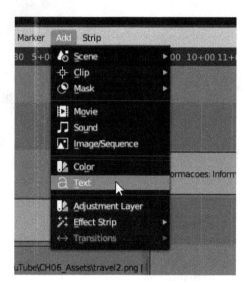

Figura 8.17 - *Adicionando texto*

Quando você adiciona esse **Strip** de texto algumas opções extras aparecem na barra de propriedades dessa ferramenta. No campo Effect **Strip** você pode alterar o conteúdo do texto e alterar opções como o alinhamento e posição do texto (Figura 8.18).

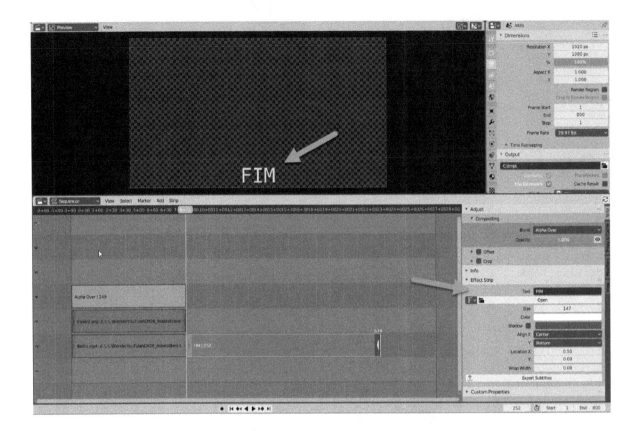

Figura 8.18 - Opções do texto

A posição do texto é alterada com as opções no campo **Location** em que os valores de X e Y determinam a posição na horizontal e vertical respectivamente.

Se você quiser é possível animar a posição do texto! Para isso é necessário adicionar quadros-chave nas posições de X e Y usando a **tecla I** ou o botão direito do mouse. O tempo da legenda pode ser controlado usando as setas nas extremidades de cada **Strip** (Figura 8.19).

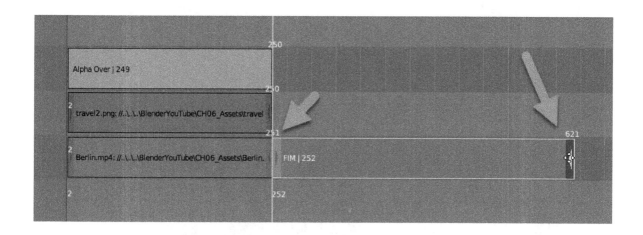

Figura 8.19 - *Setas de controle*

Com a opção de texto você pode até mesmo configurar legendas para seus vídeos e exportar o resultado final no formato SRT.

8.6 Renderizando material do editor

Sempre que você adiciona qualquer conteúdo no editor de vídeo o Blender passa a dar preferência para esse material no momento da renderização. Mesmo que você retorne para a Viewport e queira editar um modelo 3D ou animação, ao pressionar a **tecla F12** o resultado será a exibição do conteúdo do **Video Sequencer**.

Por que isso acontece? Na aba **Output** dentro da janela de propriedade existe um campo chamado **Post Processing** (Figura 8.20).

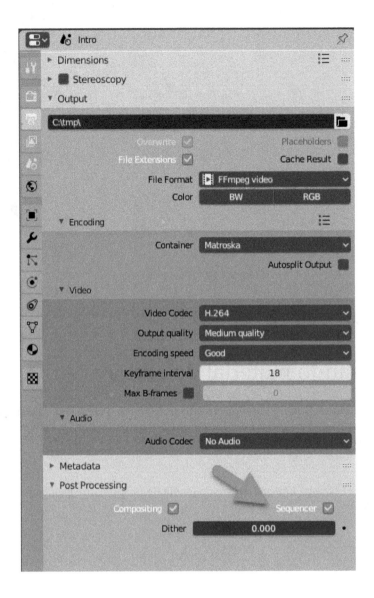

Figura 8.20 - *Post Processing*

Nesse campo você encontra duas opções que sempre começam marcadas por padrão no Blender que são:

– Composer

– Sequencer

Se essas opções estiverem marcadas o Blender processa antes de qualquer informação relacionada com cenas o que estiver no **Video Sequencer** ou na janela **Compositing**. Para voltar a renderizar objetos que estão na sua janela Viewport, mesmo com material no editor de vídeo, você deve desabilitar a opção **Sequencer** nessa janela.

O mesmo vale para conteúdo que está na janela de composição. É uma ótima opção para controlar a maneira com que o software lida com conteúdo em múltiplos locais no seu editor.